Britta Diana Petri

Köstliche Weihnachtsleckereien

roh, vegan und glutenfrei

aus der RainbowWay®-Vitalkost-Küche

Schirner Verlag

ISBN 978-3-8434-1216-2

Britta Diana Petri:
Köstliche Weihnachtsleckereien
roh, vegan und glutenfrei
aus der RainbowWay®-
Vitalkost-Küche

Umschlag: Murat Karacay, Schirner,
unter Verwendung von Bildern
von Britta Diana Petri sowie von
117584110 (wenani), # 115988665
(Miroslava Hlavacova), # 84553996
(iadams), www.shutterstock.com
Layout: Anke Brunn, Schirner
Lektorat: Katja Hiller, Schirner
Printed by: Ren Medien GmbH,
Germany

www.schirner.com

2. Auflage Dezember 2015

Inhalt

Weihnachten aus ganzheitlicher Sicht

Die Bedeutung von Weihnachten ist von Kultur zu Kultur verschieden. In unseren Regionen geht es vor allem um ein besinnliches und festliches Beisammensein mit seinen Lieben. Weihnachten ist ein Fest der Liebe, der Nächstenliebe und des Gebens. Wir bringen damit die Geburt eines großen Weltenlehrers, kalte und sternklare Nächte, glitzernden Schnee, Eisblumen an den Fenstern, funkelnde Lichter, Kerzenschein, Engel, Frieden und herrlich duftendes Backwerk in Verbindung. Es glitzert und funkelt überall, und staunende Kinderaugen freuen sich auf den Weihnachtsmann, das Christkind und ihre Geschenke.

Weihnachten bedeutet für viele Menschen auch eine Auszeit vom Arbeitsalltag, den Lebensraum festlich zu gestalten, mit den Lieben die Feiertage auf eine besonders schöne Weise zu verbringen, an Betriebsfeiern teilzunehmen und Leckereien auf den Tisch zu zaubern – diese wundervolle Zeit mit allen Sinnen zu genießen und einfach mal wieder das Beste, Schönste und Liebste miteinander zu teilen.

Es gibt aber auch Menschen, die besonders an Weihnachten unter Einsamkeit leiden, arme Menschen, die kaum in der Lage sind, sich die grundlegendsten Lebensbedürfnisse zu erfüllen, oder Workaholics, die nie Zeit für ihre Familie und nicht mal für sich selbst haben. Wenn Sie unglückliche Menschen kennen, können Sie, wie jeder von uns, ganz bewusst etwas zur Freude aller beitragen. Sei es durch ein warmes Kleidungsstück, eine Einladung zum Fest, etwas zum Essen, ein Lächeln oder was auch immer gerade passend erscheint. Essen im Überfluss kann an eine gemeinnützige Organisation wie die »Tafel« weitergegeben werden.

Was ich Ihnen mitgeben möchte: Wenn es schon jedes Jahr einmal eine Zeit der Liebe und der Nächstenliebe, des Friedens und der Freude gibt, wäre es wundervoll, wenn wir gerade in dieser Zeit zum Wohle des Einzelnen wie auch zum Wohl des Ganzen handeln würden. Anstatt dem Konsumzwang zu erliegen und sich wochenlang vollzustopfen, um hinterher wieder abnehmen zu müssen, können wir unser Augenmerk auf ein naturgesundes und verantwortungsbewusstes Kauf- und Essverhalten legen und auch unserem Lebensraum liebevolle Aufmerksamkeit schenken.

Nahrung ist ein bedeutender Faktor bei allen Festlichkeiten, denn sie ist eine Grundlage des Lebens und kann erheblich zur Festtagsstimmung beitragen. Eine friedvolle, naturgesunde und vitale Ernährung trägt grundsätzlich zum inneren Frieden, zur

Balance und zur Freude bei! Jede Kultur feiert auf ganz spezielle Weise ihre eigenen Feste, was auch das Essen einschließt.

Vom natürlichen Jahreszyklus her gesehen, ist die Weihnachtszeit kurz vor Jahresende eine ganz besondere Zeit mit einer ganz besonderen Stimmung. Die Raunächte beginnen, während denen die innere und die äußere Welt und auch die Welt dazwischen besonders nah beieinander und füreinander offen sind. In dieser Zeit ist eine tiefe Einkehr in das eigene Selbst besonders effektiv. Es ist Zeit, einen Jahresrückblick vorzunehmen und eine Bestandsaufnahme zu machen, für eine Winterpause, um das Leben der Natur anzupassen, sich zurückzuziehen, Schäden zu reparieren, Werkzeuge zu reinigen und alles vorzubereiten für ein neues, lebendiges, gesundes und erfolgreiches Jahr, das wieder neues Wachstum und neue Ernten bringt.

Ich selbst ziehe mich seit mehr als 20 Jahren im Dezember immer weitgehend zurück, um diesen Prozess entweder fastend oder bei geringer Aufnahme von veganer Vitalkost zu erleben, wobei ich mir in dieser Zeit nicht nur Regeneration und innere Einkehr ermögliche, sondern auch gern Dinge erledige, zu denen ich das ganze Jahr über nicht gekommen bin. Manchmal arbeite ich viel auf, um zum Jahresende frei für neue Herausforderungen zu sein, für neue Projekte. Die Zeit der Raunächte nutze ich gern, um das neue Jahr vorzubereiten und den Ideen eine Form zu verleihen, in der sie sich manifestieren können. So kreiert jeder sein Leben zu seinen ganz individuellen Zeiten und auf seine ganz individuelle Weise.

Wie auch immer Sie Weihnachten verbringen, das Jahr ausklingen lassen, Ihre Feste feiern, mit sich AllEin oder zusammen mit lieben Menschen sind, genießen Sie diese Zeit mit allen Sinnen. Wenn Sie

fasten möchten, dann fasten Sie. Wenn Sie Weihnachtsleckereien bis zum Übermaß genießen und feiern wollen, tun Sie das, jedoch bewusst und so naturgesund wie nur möglich. Dann wird dieses wundervolle Fest wirklich ein Fest der Sinne, der Liebe und der Freude am Leben.

Wenn Ihre Familie, Ihre Freunde, Ihre Arbeitgeber oder Ihre Kollegen noch der konventionellen Denk-, Lebens- und Ernährungsweise frönen und die übliche Festtagsvöllerei betreiben, mit Unmengen an Getreideprodukten, Zucker, Tierprodukten, Süßigkeiten und Alkohol, könnte es vorkommen, dass Sie sich an diesen Tagen ein wenig außen vor fühlen. Manche Menschen schämen sich sogar für ihr Anderssein, sie wollen aber auch an Festtagen nicht mit ihrer Lebensweise, die ihnen guttut, brechen. Oftmals werfen Menschen nur wegen anderen ihre Überzeugung über den Haufen und essen Nahrungsmittel, die sie sonst nicht mehr anrühren würden. Danach geht es ihnen entsprechend schlecht, und sie brauchen Urlaub vom Weihnachtsurlaub, um gesundheitlich, physisch und psychisch wieder ins Gleichgewicht zu kommen.

Tun Sie sich das nicht an, und bleiben Sie authentisch! Gehen Sie einfach als gutes Beispiel voran. Wenn Sie Essen von der konventionellen Weihnachtstafel ablehnen, versuchen Sie nicht, sich zu erklären oder zu entschuldigen. Sie müssen ja nicht alles mögen, was auf den Tisch kommt. Suchen Sie sich Früchte, Salate und Gemüse aus, und vermeiden Sie alle Gerichte, deren Verzehr nicht Ihren Überzeugungen entspricht. Bringen Sie ruhig einmal einen veganen Vitalkostkuchen, ohne zu sagen, dass dieser gesünder sei oder vegan oder Rohkost. Einfach nur hübsch dekoriert auf den Tisch stellen – und gut ist. Wenn Sie einen roh-veganen und glutenfreien Christstollen mitbringen, geben Sie ihm einfach einen anderen Namen. Sagen Sie, Sie haben was Neues ausprobiert, und alle werden sich darüber freuen. Ebenso verhält es sich mit veganen Vitalkostplätzchen und anderen Leckereien. Sie werden erleben, dass sich die Gäste geradezu darauf stürzen und begeistert sein werden.

Oftmals wird man auch zum Trinken von Alkohol überredet. Hier reicht meist schon die Aussage: »Ich möchte dieses Fest einmal mit allen Sinnen genießen. Alkohol vernebelt mir die Sinne. Heute bitte keinen, ich kann auch ohne Alkohol fröhlich sein!«

Frische Früchte und Gemüse gehören auch an Festtagen auf den Tisch und helfen uns, das Immunsystem für die kalte Jahreszeit zu stärken. Geben Sie Ihren Nahrungsmitteln einfach ein festliches Outfit, indem sie diese z. B. mit weihnachtlichen Ausstechformen bearbeiten. Kleine Möhren-Sternchen, Melonenrentiere, Mangoherzchen, Apfelmonde usw. haben

eine große Anziehungskraft auf Jung und Alt und bereichern jedes Festtagbuffet! Vegane-Vitalkost-Kreationen eignen sich unter anderem auch wunderbar für die kreative Beschäftigung in der Weihnachtszeit. Erfinden Sie neue Formen, neue Mischungen von Zutaten, »basteln« Sie mit Ihren Kindern und mit Ihren Lieben leckeres Essen. Sie können sogar Plätzchen trocknen, an den Baum hängen und sie nach den Feiertagen aufessen. Diese Kunst kann man dann dreifach genießen. Mit den Lieben gemeinsam etwas Schönes und Wunderbares fürs Fest gestalten, das schafft echte Weihnachtsfreude!

Zur Wertigkeit und Verträglichkeit unserer Nahrung

In den letzten Jahrzehnten hat sich die Herstellungsweise der traditionellen Weihnachtsbäckerei grundlegend verändert. Wo früher Mutter und Großmutter mit natürlichen Zutaten arbeiteten, werden heute Auszugsprodukte und industrielle Massenprodukte von oftmals geringer Wertigkeit verwendet. Durch den Billigtrend und den Massenkonsum von Industrienahrung ist unser körperliches und gesellschaftliches System erkrankt. Es bedarf eines Wandels, um die Dinge wieder ins Gleichgewicht zu bringen. Dieser Wandel vollzieht sich gerade jetzt, und was vor einigen Jahren noch unvorstellbar für die meisten Menschen war, wird heute zum Trend. Ganz besonders die vegane Ernährungsweise, wobei vegan nicht unbedingt gleichbedeutend mit naturgesund ist. Auch vegane Fertigprodukte können genauso tot und künstlich sein wie nicht-vegane Industrieprodukte. Das Tierleid und den Tierschutz betreffend, ist das aber schon ein guter Anfang und unbedingt zu unterstützen. Was jedoch die physische und psychische Gesundheit und Entwicklung des Menschen betrifft, so trägt eine vegane Ernährung, bei der weiterhin tote, wertlose und veränderte Nahrungsmittel verwendet werden, nicht das Geringste zu einer Verbesserung bei. Wir brauchen lebendige Nahrung, voll von Vitalstoffen!

Auch Weihnachtsgebäck und -leckereien lassen sich ganz natürlich, frisch und aus lebenden Zutaten, ohne Kochen, Braten oder Backen, roh, vegan, glutenfrei und zuckerfrei kreieren. So zubereitet, sind Nahrungsmittel besser verträglich und leichter zu verstoffwechseln. Bei manchen Mischungen können Menschen mit Blähungen reagieren, das kommt ganz auf die individuelle Darmgesundheit an. Wenn Sie grundsätzlich unter Blähungen leiden,

nehmen Sie immer ein bisschen Heilerde mit, gerade wenn Sie feiern gehen! Ein Teelöffelchen Heilerde in Wasser gerührt und getrunken kann schnell Darmgase binden und lästige Flatulenzen neutralisieren.

Das Besondere an der roh-veganen und glutenfreien Vitalkost ist, dass sie einen extrem hohen Nährwert und auch Gesundheitswert aufweist, leicht verdaulich ist, nicht müde macht, voller lebendiger Vitalstoffe steckt, superlecker ist und dass auch Menschen mit Laktoseintoleranz und/oder Glutenunverträglichkeit die meisten Gerichte gut vertragen und leicht zubereiten können. Natürlich gibt es auch eine beachtliche Anzahl anderer Allergien und Unverträglichkeiten, z. B. auf Nüsse und Samen bestimmter Pflanzen oder Pflanzengattungen. Wenn Sie unter Unverträglichkeiten oder Allergien leiden, lesen Sie sich immer genau die Zutaten durch, und wechseln Sie die, die Ihnen Probleme bereiten, durch andere aus, die Sie gut vertragen. Die Rezepte sind alle variabel, und Sie können fast jede Zutat durch eine andere ersetzen, die einen ähnlichen Charakter hat, aber für Sie besser verträglich ist.

Da ich von vielen Schülern speziell darum gebeten wurde, habe ich unter anderem ein paar leckere Alternativen zu traditionellen Weihnachtsleckereien entwickelt, mit denen Sie beim Fest im Kreise Ihrer Familie wie auch auf jeder Weihnachtsfeier glänzen können. Diese Rezepte sind nicht nur für Veganer, Rohköstler oder Menschen mit einer Gluten- oder Laktoseintoleranz interessant, sondern für alle, die natürliche Nahrung lieben, ganzheitlich denken und zum Wohl von Mensch und Erde gleichermaßen beitragen möchten. Sie können Ihre Weihnachtsplätzchen und -leckereien sowohl mit Bio-Zutaten in Rohkostqualität zubereiten als auch

mit Zutaten vom Markt oder Händler Ihres Vertrauens. Der vegane Rohköstler wird vorwiegend beste Qualität aus dem Fachhandel verwenden, Selbstgemachtes, selbst Angebautes oder Wildwuchs.

Wer gerade erst seine Lebens- und Ernährungsgewohnheiten oder seine Denkweise umstellt und wer einen schmalen Geldbeutel hat, bekommt mit anderen Produkten ähnlich gute Ergebnisse. Achten Sie jedoch stets auf Frische, und greifen Sie zu unbehandelter Ware. Nüsse sollten so frisch wie möglich sein. Je länger sie gelagert werden, desto eher können sich Pilzgifte (Aflatoxine) darin entwickeln, die den Organismus schädigen.

Grundsätzlich empfehle ich jedem »Anfänger« mein Buch »Vegane Vitalkost«. Es ist nicht nur ein Rezeptbuch, sondern zeigt vor allem, was die vegane Vitalkost alles kann und wie Sie am besten einsteigen. Ein paar Worte über die Ausstattung der Vitalkostküche möchte ich trotzdem noch verlieren.

Mit der Zeit gewöhnen Sie sich an die neue Zubereitungsweise, an eine neue Art und Weise, einzukaufen und zuzubereiten, und schaffen sich schrittweise die wichtigsten Küchengeräte an. Es ist nicht anders, als wenn Sie sich eine normale Kochküche einrichten. Es muss nicht alles auf einmal passieren, gehen Sie schrittweise vor, und nehmen Sie sich alle Zeit, die Sie brauchen. Für den Anfang geht es auch sehr einfach!

Man braucht übrigens nicht so große Mengen und einen Vorrat herzustellen, wie es bei anderen Weihnachtsplätzchen der Fall ist. Vegane Vitalkost ist stark sättigend, schon in kleinsten Mengen, und sollte möglichst frisch gegessen werden. Auch in diesem Bereich zählt Qualität mehr als Quantität. Natürlich gehören auch die naturgesunden Weihnachtsleckereien in die Kategorie »Naschzeug und Süßigkeiten«. Aber wer die vegane Vitalkost richtig praktiziert, bringt täglich viel frisches Gemüse, Grünzeug und Obst auf den Tisch. Kuchen, Torten, Plätzchen, Schokoriegel und Desserts sind sehr gehaltvoll, da oftmals Trockenfrüchte und Nüsse kombiniert werden, und sollten »nur für besondere Gelegenheiten« zubereitet werden. Wenn Sie täglich große Mengen an Trockenfrüchten und Nüssen sowie Plätzchen, Kuchen und Schokoriegel zu sich nehmen, auch wenn die Produkte natürlich und gesund sind, kann dies zu Unwohlsein führen und das Verdauungssystem aus dem Gleichgewicht bringen. Auch bei veganer Vitalkost sollten Sie stets bewusst und nicht zu viel durcheinanderessen und vor allem nicht der Genusssucht verfallen und Völlerei betreiben. Wenn Sie das beherzigen, brauchen Sie sich um Weihnachtshüftgold keine Sorgen zu machen.

Die roh-vegane und glutenfreie Weihnachtsbäckerei

Für die vegane Vitalkost brauchen Sie ein paar besondere Utensilien und Geräte. Ich liste Ihnen hier einmal auf, was Sie für die Rezepte alles benötigen. In den Klammern finden Sie immer eine Alternative, falls Ihre Küche noch nicht komplett ausgestattet ist.

* ein möglichst starker Mixer oder Blender (alternativ: Zauberstab oder Pürierstab)

* eine Küchenmaschine, die hackt und zerkleinert (alternativ: Messer, Reibe und Raspel)

* eine Küchenmaschine für Teig (alternativ: von Hand kneten, auch hochwertige elektrische Saftpressen mit einem Teigaufsatz kann man verwenden)

* eine elektrische Zitruspresse (alternativ: von Hand auspressen)

* einen Lebensmitteltrockner/Dehydrator (alternativ: Heizen Sie Ihren Backofen auf 50°C. Stellen Sie die Plätzchen hinein, und klemmen Sie einen Kochlöffel zwischen Tür und Ofen, damit sie einen Spalt offen bleibt. Zum Ausprobieren funktioniert das sehr gut – auf Dauer gesehen ist es aber Energieverschwendung!)

- Teigspachtel
- Ausstechförmchen
- Frischhaltefolie
- Kuchenformen
- Keksstempel
- Pinsel für Glasuren
- Reibe für Schokoraspel und Ähnliches
- scharfe Messer
- Brettchen
- Schoko- und Pralinenförmchen
- Spritztülle mit verschiedenen Aufsätzen
- Nussmilchbeutel
- Siebe und Streuer

Zutaten in der konventionellen Küche	Zutaten in der Vitalkost-Küche
glutenhaltiges Mehl aus Getreide	Mehl aus Nüssen und Samen wie z. B. Mandeln, Cashewkernen, Haselnüssen, Walnüssen, Paranüssen, Macadamianüssen, Pekannüssen, Sonnenblumenkernen, Hanfsaat, Hanfsamen, Leinsamen, Erdmandeln, Edelkastanien, Süßlupine, Traubenkernen, Buchweizen, Quinoa u.v.a.m.
handelsüblicher Zucker	Xylitol/Birkenzucker, Stevia, Datteln, Dattelpaste, Dattelmus und Mus aus anderen Trockenfrüchten, frische Früchte, Kokosblütennektar, Kokosblütenzucker, Yacon-Dicksaft, Apfeldicksaft
Vanillezucker, Zimtzucker, Puderzuckerr	fein gemahlener Xylitol/Birkenzucker oder Mischungen mit Vanille, Zimt und anderen Aromen
Butter, sonstige tierische Fette, Margarine und konventionelle Öle	Nüsse und Samen, Avocados, kalt gepresste Öle wie z. B. Hanföl, Walnussöl, Avocadoöl, Rapsöl, Kokosöl, Kokosmus, Mandelmus, sonstige Nussmuse, Nussbutter, Kakaobutter
Eier zum Binden oder Andicken	Flohsamenschalen, Leinsamen, Baobab-Fruchtpulver, Sonnenblumenlezithin, Avocados, Dattelpaste, Mus oder Paste aus Trockenfrüchten, Chia-Samen, Irish-Moss

Milchprodukte	Milch aus Nüssen und Samen wie z. B. Mandelmilch, Erdmandelmilch, Cashewmilch, Walnussmilch, Haselnussmilch, Pekannussmilch, Macadamianussmilch, Sonnenblumenmilch, Hanfmilch, Kürbiskernmilch, Sesammilch, Kokosmilch u.v.a.m.
bunte Zuckerperlen und Verzierungen für Kuchen, Torten und Gebäck	gefärbte Kokosraspeln, Nusscrunch, gemahlene hart getrocknete Früchte
Schokolade, Kakao, Blockschokolade	rohe Kakaobohnen, Kakaopulver, Kakaomasse, Kakaoliquor, Kakaobutter, Kakaonibs, Carobpulver
Kochsalz	vollwertige Natursalze, Himalayasalz, Meersalz, Sole, Sprühsole
Fettglasuren	Kokosöl mit Aromen oder Superfoods, Kakaobutter mit Aromen oder Superfoods
Dosenfrüchte, konventionelle Trockenfrüchte, konventionelle frische Früchte	frische Früchte, ungeschwefelte Trockenfrüchte (am besten selbst Getrocknetes)
Nusscreme, Nussmuse	Nusscreme und Nussmuse in Bio- und Rohkostqualität aus dem Fachhandel oder selbst hergestellte Nussmuse, die man z. B. in einer Saftpresse mit Mahlvorsatz zubereitet. Nusscreme können Sie aus eingeweichten Nüssen im Mixer herstellen.

Basics

Plätzchen- und Kuchenteige

Sie können roh-vegane und glutenfreie Weihnachtsplätzchen auf verschiedene Art und Weise herstellen. Für ein gutes Gelingen braucht es allerdings ein bestimmtes Basiswissen!

Leichte, frische Teige

Diese Teige eignen sich für Plätzchen, die sowohl frisch und gekühlt als auch getrocknet verspeist werden können. Frisch werden sie direkt nach der Zubereitung serviert. Etwas mehr Festigkeit erreichen Sie durch eine mehrstündige Kühlung der Plätzchen. Wenn Sie den Teig trocknen, sind die Plätzchen 3–4 Wochen haltbar. Alle diese Varianten eignen sich auch für Kuchen- oder Tortenböden.

Zubereitung von leichtem, frischem Teig

30 % frische Früchte, Nussmilch oder Wasser
30 % aktivierte, gemahlene Mandeln oder Nüsse (alternativ: Buchweizen oder Erdmandeln)
30 % Kokosmehl
10 % Datteln oder Süßungsmittel und Aromen (Kakao, Carob, Zimt, Vanille, Sonstiges)

Verarbeiten Sie alle Zutaten im Mixer oder in der Küchenmaschine zu einem glatten Teig. Soll der frische Teig noch etwas cremiger werden oder einen stärkeren Halt bekommen, können Sie noch 10 % Kokosöl oder flüssige Kakaobutter einarbeiten und den Teig kühlen, bevor Sie z. B. Plätzchen ausstechen.

Schwere Nuss-Frucht-Teige

Diese gehaltvollen und stark sättigenden Teige werden aus getrockneten Früchten und Nüssen hergestellt. Plätzchen aus diesem Teig sind gekühlt mehrere Tage bis Wochen haltbar. Die Teige eignen sich für Frucht-Nuss-Kugeln, Plätzchen, Kuchen- und Tortenböden oder Energie-Riegel.

Zubereitung von schwerem Nuss-Frucht-Teig

45 % Trockenfrüchte (Datteln, Feigen, Aprikosen, Ananas, Pflaumen, Rosinen …)
45 % Nüsse (Mandeln, Cashewkerne, Paranüsse, Pekannüsse, Walnüsse, Haselnüsse …)
10 % weitere Zutaten (Aromen oder Kakaopulver, Fruchtpulver, Gewürze, Süße …)

Verarbeiten sie alle Zutaten in einer Küchenmaschine mit S-Messer oder in einem starken Blender oder Entsafter mit Teigaufsatz zu einem festen, etwas klebrigen Teig.

Nussfreie Teige

Menschen, die unter Nussallergien oder -unverträglichkeiten leiden, können die Weihnachtsrezepte leicht anpassen, wenn sie z. B. die Nüsse einfach durch Erdmandeln, Kokosprodukte, Hanfsamen, Sonnenblumenkerne, Buchweizen, Esskastanien, Süßlupinensamen oder ähnliche Produkte ersetzen. In Reformhäusern, Bioläden und auch im veganen Bio- oder Rohkost-Fachhandel bekommen Sie schon viele Produkte, z. B. Muse, Mehle oder Öle, gebrauchsfertig zu kaufen.

Süßungsmittel

Dattelpaste, Dattelmus und Mus oder Pasten aus anderen Trockenfrüchten

Anstatt irgendwelcher Süßungsmittel wie Ahornsirup oder Agavendicksaft können Sie für eine gesunde Süße wunderbar Datteln und Trockenfrüchte zum Süßen Ihres Weihnachtsgebäcks verwenden.

Grundrezept für Dattelpaste und andere Trockenfrucht-Pasten:

Mixen Sie 100 g entkernte Datteln, z. B. Medjoul-Datteln, direkt zu Mus, ohne sie vorher einzuweichen. Wenn Sie andere Trockenfrüchte wie Feigen oder Pflaumen verwenden oder sogar selbst trocknen, achten Sie auf weiche, nicht komplett durchgetrocknete Zutaten. Sonst haben Sie am Ende Pulver anstatt einer Paste. Auch

Erdbeeren, Mangos, Papayas und Bananen lassen sich zu dieser Konsistenz trocknen. Sie müssen nur herausfinden, bei welcher Trockendauer Sie mit Ihrem Trocknermodell die gewünschte Konsistenz erhalten. Mit ein bisschen Übung werden die Ergebnisse von Mal zu Mal besser!

Grundrezept für Dattelmus und andere Trockenfrucht-Muse

Lassen Sie 100 g entkernte Datteln 1–3 Stunden in wenig Wasser einweichen, und mixen Sie sie anschließend. Ebenso verfahren Sie mit allen anderen Trockenfrüchten, die Sie gern zum Süßen oder Aromatisieren verwenden möchten. Wenn Sie Früchte vor dem Mixen einweichen, können Sie auch harte und komplett durchgetrocknete Zutaten zu Mus verarbeiten, wie Physalis, grüne Rosinen, Sauerkirschen, Mangos, Papayas, Ananas, Bananenchips usw. Das Mus hält allerdings nur 2–5 Tage im Kühlschrank, weil es durch den hohen Zuckergehalt und das Einweichwasser bald zu gären beginnt.

Anstatt Puderzucker ... Xylit

Xylit ist ein Zuckeraustauschstoff, der auch als Xylitol, Birkenzucker oder Birkensüß bekannt ist. Xylit hat einen ähnlichen Geschmack und eine ähnliche Süßkraft wie Haushaltszucker, jedoch 40 % weniger Kalorien. Es besitzt eine kariostatische und antikariogene Wirkung, ist also gut für die Zähne! Im Mund fühlt er sich leicht kühl an. Die optimale Tagesmenge an Xylit beträgt zwischen 5 und 10 Gramm. Ich verwende aber trotzdem nicht jeden Tag zusätzliche Süßungsmittel, sondern genieße die pflanzlichen Nahrungsmittel so naturnah wie möglich. Um ab und zu süße Desserts, Kuchen, Torten, Plätzchen usw. herzustellen – vor allem bei Festen und wenn Menschen mitessen, die vorwiegend konventionelle Nahrung mit Industriezucker gewohnt sind –, ist er eine hervorragende Alternative. Xylit gilt als naturgesunder Süßstoff und verstoffwechselt insulinunabhängig, womit er auch eindeutig für Diabetiker geeignet ist.

Xylit gibt es sowohl grob gemahlen als auch in Puderform, ähnlich wie Puderzucker, den wir zum Bestäuben des Weihnachtsgebäcks verwenden. Fein gemahlen und gemischt mit Vanille, Zimt oder Kakao- oder Carobpulver bekommt Xylit eine besondere Note, z. B. wie Vanillezucker oder Zimtzucker. Eine Mischung mit Mesquitepulver ergibt eine karamellige Süße, mit Lucumapulver hat das Gebäck eher eine fruchtige Karamellnote.

Kokosblütensirup und Kokosblütenzucker

Beide Produkte gibt es zwar nicht in Rohkostqualität, aber in Bio-Qualität – so schonend wie möglich hergestellt. Der Saft der frischen Kokosblüten braucht etwa 70°C, damit er zu Sirup wird. Bei langsamer Temperaturerhöhung kristallisiert er aus und wird zum Kokosblütenzucker. Beide Produkte haben eine sehr gesunde Zusammensetzung an Zuckern und sind keine Fruchtzuckerbomben wie die meisten Sirups und Dicksäfte. Bestimmt ist Ihnen aufgefallen, dass ich vorwiegend mit Datteln und Trockenfrüchten als natürliche Süße oder Xylit, Kokosblütensirup oder Kokosblütenzucker arbeite. Alles über die verschiedenen alternativen Zuckerarten können Sie in meinem Buch »Vegane Vitalkost – Jungbrunnen und Lebenselixier« nachlesen.

Konsistenzgeber und Bindemittel

Irish-Moss

Weißes Irish-Moss ist ein Knorpeltang und im Vergleich zum rötlichen Irish-Moss viel weicher und milder im Geruch und Geschmack. Es stammt z. B. aus Wildsammlung aus dem Südpazifik. Sein Mineraliengehalt liegt bei ca. 15 % und sein Proteingehalt bei etwa 10 %. Irish-Moss ist reich an Betakarotin, Pektin und Spurenelementen. Seine üppige Zellwand aus Polysacchariden lässt es gelieren, wenn es mit Wasser in Verbindung kommt. So wird es zum wunderbaren Konsistenzgeber für zahlreiche Vitalkost-Kreationen. Kuchen, Nussbuttercreme, Eiscreme, Shakes, Nuss- und Samen-Joghurt und Desserts verleiht es eine geschmeidige Festigkeit. Mehr als 5 g pro Tag sollte man jedoch nicht verzehren.

Am besten weichen Sie das Irish-Moss für mehrere Stunden gut ein, spülen es mehrmals aus und reinigen es so lange, bis es ganz aufgegangen ist und der manchmal muffige Geruch oder auch der Meeresgeruch nachlässt. Geben Sie es mit etwas Wasser in den Mixer, und mixen Sie ein Gel daraus. Dieses Gel kann mehrere Tage im Kühlschrank aufbewahrt und bei Bedarf portionsweise verwendet werden.

Kokosöl, Kokosmus, Kakaoliquor und Kakaobutter

Alle diese Produkte können geschmolzen in Kuchen, Torten, Riegeln, Desserts und vielen anderen Kreationen zum Einsatz kommen. Stellt man die fertige Kreation dann in den Kühlschrank, härtet das geschmolzene Kokosöl, das Kokosmus, die Kakaobutter oder der Kakaoliquor wieder aus. Sie bringen Festigkeit in Kuchen, Desserts oder Teige.

Baobab-Fruchtpulver

Die Baobab-Frucht ist die Frucht des Baobab- oder Affenbrotbaumes, eines riesigen afrikanischen Lebensbaumes, der mehrere Tausend Jahre alt werden kann. Die Bäume sehen wirklich beeindruckend aus! Die Frucht trocknet bereits am Baum in ihrer harten Fruchtschale, und das reife, getrocknete Fruchtmark wird später mechanisch von den Kernen getrennt. Die Baobab-Frucht hat einen extrem hohen Nährstoffgehalt, strotzt geradezu vor Vitaminen, Mineralstoffen, Spurenelementen und wertvollen Ballaststoffen. Ihr Vitamin-C-Gehalt ist mit ca. 300 mg pro 100 g beachtlich, und so bringt Baobab eine Menge natürlicher Antioxidantien mit sich. Mit seiner natürlichen Zitronensäure erhalten Smoothies, Säfte, Dressings, Eiscremes, Sorbets, Kuchen, Torten und Gebäck eine natürliche und leichte Konservierung. Baobab-Fruchtpulver schmeckt auch unbeschreiblich lecker, herrlich frisch, fruchtig-herb und leicht säuerlich und wirkt dem vorzeitigen Altern entgegen.

Sonnenblumenlezithin

Reines Sonnenblumenlezithin-Pulver können wir überall einsetzen, wo sonst Sojalezithin verwendet wird. Es verbindet Wasser und Fett zu einer cremigen Textur und lässt sich bei der Herstellung von Desserts, Cremes, Schokoladen, Pralinen und Toffees einsetzen. Man gibt einfach eine gewisse Menge des Sonnenblumenlezithins in das Gericht, mixt es entweder mit der Masse oder rührt es in geschmolzene Kakaobutter oder Schokolade ein – schon erhält das Ganze eine gute Bindung und eine tolle Textur.

Flohsamenschalen

Als Flohsamenschalen bezeichnen wir die Samenschalen einer in Westasien und Nordafrika beheimateten Wegerichpflanze. Sie ähnelt ein wenig unserem Spitzwegerich, dessen Samen ebenfalls genießbar sind. Flohsamen enthalten wertvolle Schleimstoffe, und ihre Schalen können eine Menge Feuchtigkeit binden, da sie in der Lage sind, auf mehr als das 50fache ihres Volumens aufzuquellen. So spenden sie wertvolle Ballaststoffe, unterstützen die gesunde Darmfunktion und eine gute Verdauung. Mit Flohsamenschalen zubereitete Gerichte bringen schnelle Sättigung bei geringer Kalorienaufnahme. Flohsamenschalen geben vielen Gerichten eine besondere Konsistenz. Sie können sie zur Herstellung von Desserts, Kuchen, Broten, Crackern, Nuss- und Samen-Mozzarella, Salaten, Kompotts und vielen anderen leckeren Vitalkostgerichten einsetzen.

Weitere wichtige Zutaten

Erdmandeln – Chufas Nüssli

Erdmandeln sind etwa so groß wie getrocknete Kichererbsen und bilden sich an den Ausläufern der Tigernuss, die zu den Zypergräsern gehört. Der Geschmack von Erdmandeln ist nussartig, natürlich süß, und Erdmandeln sind reich an basischen Mineralien. Wer nicht so gern schwere Nussteige mag oder unter einer Unverträglichkeit von Gluten und Nüssen leidet, kann bei den meisten Rezepten Erdmandeln einsetzen, entweder eingeweicht und gemixt, gemahlen zu Mehl oder als Erdmandelmilch, wobei die Erdmandeln gemixt und durch einen Nussmilchbeutel gepresst werden. Mit dem Trester können Sie Plätzchen herstellen und die Erdmandelmilch separat verwenden.

Hanfsamen

Schon seit Menschengedenken ist die Hanfpflanze ein Multitalent unter den Nutzpflanzen. Bezüglich der Hanfsamen reden wir hier vom Nutzhanf, der über einen sehr niedrigen THC-Gehalt verfügt und daher im Bereich der natürlichen Gesundheitsvorsorge und Vitalkost-Ernährung einen bedeutenden Platz einnimmt. Seine chlorophyll- und vitalstoffreichen Blätter könnten sogar für grüne Smoothies und reichhaltige Chlorophyllpulver verwendet werden. Außerdem ist er eine Grundsubstanz für eine Vielfalt an Produkten wie Kleidung, Seile, Dämmmaterial und vieles andere mehr. Das aktuell wichtigste Hanfprodukt sind die Hanfsamen. Aus ihnen lassen sich geschälte Hanfsamen, Keimlinge, Hanfmilch, Hanfsamenmus, Hanfprotein-

pulver und Hanföl herstellen. All diesen wunderbaren Produkten sollte ein bedeutender Platz in unserem Leben eingeräumt werden. Hanfproteine sind bedeutend fürs Wachstum, die Verjüngung, für einen guten Muskelaufbau, daher auch für Sportler geeignet und für alle, die Wert auf hochwertige Proteine und ein ausgewogenes Omega-3- und Omega-6-Verhältnis legen!

Hanfproteinpulver

Hanfproteinpulver hat einen hervorragenden Proteingehalt von etwa 50 % und verfügt über alle essenziellen Aminosäuren. Es wird aus dem Presskuchen hergestellt, der bei der Herstellung von Hanfsamenöl übrig bleibt. Eine wunderbare Zutat für Desserts, Pudding, Protein-Shakes, Suppen, Soßen und viele andere Vitalkost-Gerichte.

Sonnenblumenkerne

Sonnenblumenkerne sind reich an ungesättigten Fettsäuren, B-Vitaminen, Vitamin E, K, Betakarotin und Folsäure und lassen sich in den Rezepten ähnlich wie Nüsse verarbeiten. Sie können sie über Nacht einweichen und wieder trocknen lassen, einweichen und mixen oder gar nicht einweichen und zu Mehl verarbeiten. Probieren Sie einfach einmal ein paar Rezepte mit gekeimten oder gemahlenen Sonnenblumenkernen aus! Bei Rezepten, die mehrere verschiedene Nüsse enthalten, können Sie auch Erdmandeln, Sonnenblumenkerne und Hanfsamen miteinander mischen und dadurch die Nüsse ersetzen.

Chia-Samen

Chia sind eine Pflanzenart aus der Gattung der Salbeigewächse (Lippenblütler). Mexikanischer Chia (*Salvia hispanica*) kommt ursprünglich aus Mexiko und war eine wichtige Nahrungspflanze bei den Azteken. Chia-Samen sind besonders reich an Omega-3-Fettsäuren, Proteinen, Vitaminen, Mineralstoffen und Ballaststoffen. Sie stecken voller Antioxidantien, haben eine positive Wirkung auf den Blutzuckerspiegel und fördern die Verdauung. Es gibt übrigens weiße und schwarze Samen, die in vielen unterschiedlichen Rezepten einsetzbar sind. Chia-Samen können roh, getrocknet und z. B. in Drinks, Puddings oder Soßen verwendet oder als Verdickungsmittel genutzt werden. Im Rahmen der Weihnachtsrezepte eignen sie sich für Cracker, Kekse und Desserts.

Aktivieren von Nüssen und Samen

Keimsaaten und Nüsse befinden sich nach ihrer Reifung in einem Ruhezustand. Sie warten auf eine Aktivierung, damit sie keimen und sich zu einer neuen Pflanze entwickeln können. Manche Menschen reagieren mit Unverträglichkeiten auf bestimmte Nüsse und/oder Samen, da diese über bestimmte Schutzstoffe verfügen, solange sie sich noch im »Schlaf« befinden. Diese Schutzstoffe können auch wie ein Allergen oder ein Gift wirken. Man kann die Gefahr von Unverträglichkeiten ein wenig verringern, wenn man Nüsse und Samen für eine gewisse Zeit, z. B. über Nacht, einweicht. So werden sie aktiviert oder erweckt. Der Samen beginnt zu leben, reduziert seine Schutzstoffe und setzt Wachstumsstoffe, Enzyme und Vitalstoffe frei. Dadurch werden die Nüsse und Samen wesentlich aromatischer, enzym- und vitalstoffreicher und leichter verdaulich. Will man aber Nuss- oder Samenmehl herstellen, um z. B. Kekse zuzubereiten, kann man die aktivierten Nüsse und Samen wieder im Dehydrator trocknen und zu Mehl verarbeiten.

In der Zubereitung von veganer Vitalkost verwende ich vorzugsweise aktivierte Nüsse und Samen. Auch wenn sich das nach viel Arbeit anhört, wenn man jeden Monat oder alle zwei Monate einmal einen Vorrat an aktivierten Nüssen und Samen trocknet, ist das alles kein Problem. Über Nacht die Nüsse und Samen einweichen (Mandeln und sehr harte Nüsse brauchen 24 Stunden), morgens abspülen und trocknen, dann einfach auf die Trockenböden legen, Lebensmitteltrockner einschalten und so lange trocknen lassen wie nötig. Für Cashewkerne, Sonnenblumenkerne und andere weiche Nuss- und Samensorten reichen oft schon 6–8 Stunden. Man hat sonst wirklich keine Arbeit damit. Dann muss alles nur noch luftdicht verpackt und kühl und trocken gelagert und vor Schädlingen geschützt werden.

Wenn Sie sich die Rezepte anschauen, werden Sie festestellen, dass ich Nüsse und Samen manchmal einfach nur gemahlen verwende, wie z. B. geschälte Cashewkerne, geschälte Hanfsamen, Flohsamenschalen, Pistazienkerne, Sonnenblumenkerne. Wenn Sie gute Bioprodukte immer frisch verwenden, sind diese im Allgemeinen auch in »nicht aktiviertem Zustand« ganz gut verträglich.

Also kann man sagen, ab und zu kleine Mengen an frischen oder gemahlenen Nüssen und Samen sollten vom gesunden Menschen gut vertragen werden. Wenn Sie aber unter Unverträglichkeiten leiden oder es ihrem Immunsystem und Verdauungssystem besonders leicht machen wollen, weichen Sie Mandeln, Haselnüsse, Paranüsse, Pekannüsse, Macadamianüsse, Walnüsse u.s.w. für einige Stunden oder über Nacht in reinem Wasser ein. Genießen Sie sie erst in aktiviertem Zustand, frisch eingeweicht und gemixt oder eingeweicht und erneut getrocknet.

Crunch aus aktivierten Nüssen

Für Crunch weichen Sie die Nüsse und Samen einfach über Nacht in Wasser ein, spülen sie gut ab und lassen sie im Lebensmitteltrockner auf den Trockenböden komplett durchtrocknen. Die Trockenzeit variiert je nach Trockengut und Trocknermodell. Große Nüsse und Samen können Sie anschließend mit einem schweren Gegenstand bearbeiten, damit sie zerbrechen. Kleine können Sie ganz lassen. Buchweizen und Sonnenblumenkerne z. B. werden so zu einer knusprigen Nascherei. Natürlich wird das Ganze viel interessanter, wenn Sie die Nüsse und Samen nach dem Einweichen und vor dem Trocknen marinieren, süß oder herzhaft, fruchtig oder pikant. Sie mixen einfach die gewünschten Zutaten zu einer Marinade, geben ihre Nüsse und Samen hinein, lassen sie eine halbe Stunde marinieren und trocknen sie anschließend, bis sie knusprig sind.

Besonders leichte Crunchys erhalten Sie mit geschältem angekeimtem Buchweizen. Man kann ihn in vielen Gerichten einbringen und diese damit auch etwas auflockern. Auch in Salaten und Suppen macht sich gecrunchter Buchweizen sehr gut. Einen wunderbaren Nuss-Crunch stellen Sie aus Mandeln, Walnüssen, Haselnüssen, Paranüssen, Pekannüssen, Macadamianüssen, Cashewkernen, Pistazien, Erdmandeln, Süßlupinensamen, Zedernnüssen, Pinienkernen und Kürbiskernen her. Verwenden Sie für unterschiedliche Geschmacksrichtungen einfach verschiedene Frucht- oder Gemüsesäfte, Gewürze, Kräuter oder für sehr süße Varianten z. B. in etwas Wasser eingeweichte und gemixte Trockenfrüchte.

Mandeln, Nüsse oder Samen gemixt mit z. B. frischen Äpfeln und Zimt bekommen ein herrlich weihnachtliches Aroma. Das funktioniert ebenso mit Orangenabrieb, Zimt, Datteln und Kardamom. Mandeln mit eingeweichten Datteln gemixt erhalten ein Aroma von gebrannten Mandeln. Mit eingeweichten Sultaninen, Orangensaft und Orangenabrieb schmeckt der Crunch leicht süßlich und fruchtig.

Für herzhafte und pikante Varianten können Sie einfach etwas Tamari oder Wasser mit Gewürzen nehmen, z. B. Paprikapulver und eine Prise Himalayasalz. Mit frischer Mango, Curry und etwas Himalayasalz gemixt, schmecken Sonnenblumenkerne und Buchweizen exotisch pikant.

Getrocknete Zitrusfilets und -abrieb

Schneiden Sie frische Orangen, Zitronen und, wenn Sie mögen, auch Grapefruits in Scheiben, in Filets oder Würfel. Verteilen Sie sie auf den Paraflexxbögen im Lebensmitteltrockner, und lassen Sie sie 8–10 Stunden trocknen. Mit der Schale verfahren Sie ähnlich. Reiben oder raspeln Sie das Orange bzw. Gelbe von der Schale der Zitrusfrüchte. Lassen Sie es im Lebensmitteltrockner trocknen, und mahlen Sie den Abrieb anschließend zu einem aromatischen und feinen Pulver. Dieses können Sie jederzeit zur Verfeinerung Ihrer Vitalkost-Kreationen verwenden. Frisch und ungetrocknet eignet sich der Abrieb von Zitrusfrüchten hervorragend zum Aromatisieren von z. B. Cremes, Suppen, Soßen, Sorbets und Teigen.

Buntes Frucht-, Gemüse- und Gewürzpulver

Um Plätzchen, Kuchen, Cremes, Desserts oder Glasuren besondere Aromen und Farben zu verleihen und auch spannende Dekorationen zu kreieren, können Sie bunte Frucht-, Gemüse- und Gewürzpulver selbst herstellen. Das ist kinderleicht, wenn man einen Dehydrator und einen Mixer oder Blender hat. Wenn Sie keine dieser Geräte haben, können Sie die Früchte auch an der Luft oder in der Sonne trocknen. Schützen Sie sie aber vor Insekten. Wer die Handarbeit liebt, kann Mörser und Stößel verwenden.

Reinigen Sie das Obst oder Gemüse, das Sie pulverisieren möchten. Schneiden Sie es in dünne Scheiben oder kleine Stücke, die sich leicht trocknen lassen. Je dicker eine Scheibe, desto länger braucht sie zum Trocknen. Je höher der Fruchtzuckergehalt, desto pappiger wird das Ganze und klebt später leichter aneinander. Zum Einfärben von Glasuren, für Teige oder cremige Konsistenzen funktioniert dies aber sehr gut. Legen Sie die dünnen Scheiben oder zerkleinerten Früchte gleichmäßig nebeneinander auf den Trockenböden des Lebensmitteltrockners aus, sodass von allen Seiten Luft herankommt. Schalten Sie den Trockner auf maximal 42°C, und lassen Sie alles so lange trocknen, bis sämtliche Flüssigkeit entwichen ist. Das Trockengut darf ruhig sehr hart und kross werden, damit man es gut pulverisieren kann. Je weniger Feuchtigkeit, desto besser und haltbarer ist das Pulver. Zum Pulverisieren verwenden Sie einfach ein Gerät mit einem Mahlwerk wie Mixer oder Blender.

Diese Pulver sind sehr hochwertig. Die Vitalstoffe, die Farbe und der Geschmack intensivieren sich auf kleinstem Raum. Wem das alles zu viel Arbeit ist, kann sämtliche Rezepte im Buch ohne solche Pulver herstellen, es wird ihnen auch so alles wunderbar gelingen. Wenn Sie jedoch Lust haben auf etwas ganz Besonderes, finden Sie hier Tipps, wie Sie jedes Rezept noch in Farbe und Geschmack toppen können.

Experimentieren Sie ein bisschen, und finden Sie ihre eigenen Favoriten! Es gibt fast nichts Essbares, was Sie nicht trocknen und pulverisieren können. Danach füllen Sie alles einfach in luftdichte Behälter ab und verwenden es nach Bedarf. Achten Sie auf Bio-Qualität oder zumindest auf unbehandelte Produkte vom Händler Ihres Vertrauens!

Tolle Pulver lassen sich herstellen aus: roter Drachenfrucht, roten Himbeeren, schwarzen Himbeeren, schwarzen Maulbeeren, Schwarzen und Roten Johannisbeeren, Josta-Beeren, Brombeeren, Stachelbeeren, Erdbeeren, Logan-Beeren, Açaí-Beeren, Goji-Beeren, Physalis, Orangen, Orangenschalen, Zitronen, Zitronenschalen, Limonen, Limonenschalen, Grapefruit, Grapefruitschalen, Ananas, Mango, Papaya, Papaya mit Kernen (scharf und enzymreich), Sauerkirschen, Äpfeln, Aprikosen, Birnen, Pflaumen, Süßkartoffeln, Möhren, Paprika, Spitzpaprika, Tomaten, Grünkohl, Spinat, Feldsalat, Gräsern und Kräutern, Moringa, Jiaogulan, Ingwer, Kurkumawurzel, Lichtwurzel, Yacon-Wurzel und Blüten von Klatschmohn, Borretsch, essbaren Lilien, Kapuzinerkresse, Ringelblume, Löwenzahn, Bio-Rosen in allen Farben, Wildrosen u.v.a.m.

Glasuren

Glasuren eignen sich hervorragend zum Verzieren von Kuchen, Torten, Plätzchen, Riegeln und vielen anderen Naschereien oder Desserts. Man kann sie auf unterschiedliche Art und Weise herstellen. Sie können auch jeder Glasur verschiedene Aromen oder Gewürze zufügen wie Zimt oder Kardamom, Vanille, Lebkuchengewürz, Fruchtpulver oder was immer Sie mögen. Die wichtigsten Glasuren für meine Rezepte in diesem Buch möchte ich Ihnen hier zusammenstellen.

Einfache Glasuren mit Kokosöl

Bio-Rohkost-Kokosöl ist gekühlt fest und streichfähig. Schon bei sommerlichen Temperaturen oder Körpertemperatur schmilzt es und kann mit verschiedenen Aromen gemischt werden. Für kleine Mengen nehmen wir etwa 50 ml. Wenn Sie Kuchen oder größere Mengen an Plätzchen glasieren wollen, nehmen Sie natürlich entsprechend mehr.

Lassen Sie das Kokosöl schmelzen, z. B. im Wasserbad oder im Lebensmitteltrockner, und mixen oder vermischen Sie es mit der gewünschten Süße, einem Superfood oder einem Aroma. Nach dem Auftragen der Glasur und dem Bestreuen mit Trockenfrüchten, Nüssen, Crunch oder Goldpuder stellen Sie die Produkte für einige Minuten in den Kühlschrank, damit die Glasur schnell fest

wird. Solche Glasuren sind ein echter Hingucker!

Pure Kokosglasur: 50 ml geschmolzenes Kokosöl

Farbige Glasuren: 50 ml geschmolzenes Kokosöl und Früchte-, Gemüse- oder Gewürzpulver, z. B. Rote-Bete-Pulver, Drachenfruchtpulver, Himbeerpulver, Orangenpulver mit gemahlenen getrockneten Orangenschalen, Kurkumapulver, Chlorophyllpulver, Carobpulver, Schwarzer-Sesam-Pulver.

Kokos-Aromaöl-Glasur: 50 ml geschmolzenes Kokosöl und 1–2 Tropfen Zitronenöl, Orangenöl, Mandarinenöl, Vanilleöl usw.

Kokos-Schoko-Glasur: 50 ml geschmolzenes Kokosöl und 1–2 TL rohes Kakaopulver (alternativ: Carobpulver)

Kokosglasur mit Birkenzucker: 50 ml geschmolzenes Kokosöl und 1–2 TL gemahlener Xylit

Gesüßte Kokos-Vanille-Glasur: 50 ml geschmolzenes Kokosöl und ½ TL Vanillepulver sowie ½ TL gemahlener Xylit

Helle Kokosglasur mit Kakaonibs: 50 ml geschmolzenes Kokosöl und 1 TL rohe Kakaonibs

Helle Kokosglasur mit Trockenfrüchte-Topping: 50 ml geschmolzenes Kokosöl und 1 EL sehr klein gehackte Trockenfrüchte

Helle Kokosglasur mit Nuss-Topping: 50 ml geschmolzenes Kokosöl und 1 EL sehr klein gehackte aktivierte Nüsse

Helle Kokosglasur mit Crunch: 50 ml geschmolzenes Kokosöl und 1 EL Buchweizen-Crunch, Samen-Crunch oder Nuss-Crunch

Helle Kokosglasur oder Kokos-Schoko-Glasur mit essbarem Gold: 50 ml geschmolzenes Kokosöl und 1 TL gemahlener Xylit. Bestreuen Sie die Glasur mit Schnipseln von essbaren Gold oder Goldpuder, bevor Sie die Plätzchen zum Erhärten kühl stellen.

Glasuren mit Kakaobutter und Kakaoliquor

Bevor wir zu den Glasuren kommen, möchte ich Ihnen kurz den Unterschied zwischen Kakaopulver, Kakaomasse, Kakaoliquor und Kakaobutter erklären. Kakaoliquor ist gleichbedeutend mit Kakaomasse und wird direkt aus den aufgebrochenen Kakaobohnen entnommen. Den Inhalt der aufgebrochenen Kakaobohnen nennen wir auch Kakaonibs, die bei vielen Rezepten ganz pur zum Einsatz kommen. Werden die Nibs vermahlen, entsteht die Kakaomasse. Diese Masse kann im nächsten Arbeitsgang in Kakaobutter und Kakaopulver verarbeitet werden. Kakaobutter ist einfach nur der reine Fettanteil der Kakaobohnen, eben die Butter, mit ihrem wunderbaren Aroma. Kakaobutter und Kakaoliquor werden bei der Zubereitung entweder im Wasserbad bis maximal 42°C oder im Lebensmitteltrockner geschmolzen, um den Teigen, die frisch gekühlt verzehrt werden, Aroma und Festigkeit zu geben. Die Teige sind etwas fester als beim Einsatz von Kokosöl und Kokosmus. Eine Raumtemperatur von etwa 18°–20°C ist für Konfekte, Pralinen und Schokolade in Rohkostqualität durchaus in Ordnung.

Diese Glasuren funktionieren ganz ähnlich wie die Glasuren mit Kokosöl, nur hier lassen Sie rohe Kakaobutter im Wasserbad oder im Lebensmitteltrockner schmelzen und variieren dann mit Aroma. Rühren Sie alles so lange unter, bis eine glatte Glasur entsteht. Bestreichen oder bemalen Sie Ihre Weihnachtsleckerei damit, oder tauchen Sie die Plätzchen direkt in die Glasur. Vergessen Sie nicht, alles nach dem Verzieren in den Kühlschrank zu stellen, damit die Kakaobutter wieder fest wird. Eine Glasur aus reinem Kakaoliquor gibt das pure Kakaoaroma und gleicht extrem Süßes etwas aus. Aromatische Kakaobutter- oder Kakaoliquor-Glasuren erhalten Sie, wenn Sie z. B. abgeriebene Orangenschale oder Zitronenschale oder essbare Aromaöle verwenden. Auch Gewürze wie Zimt, Kardamom, Lebkuchengewürz, Nelken, Vanille, Chili, Anis eignen sich hervorragend. Damit werden diese Glasuren zu echten Geschmacksbomben.

Kakaobutterglasur: 50 ml geschmolzene Kakaobutter

Einfache karamellige Kakaobutterglasur: 50 ml geschmolzene Kakaobutter und 1 EL gemahlener Xylit und 1 EL Mesquitepulver

Variante: Für eine dicke Glasur, z. B. für einen Christstollen, können Sie noch 1 TL Macapulver, 1 TL Zimt und 1 TL Sonnenblumenlezithin dazugeben.

Helle Schokoglasur aus Kakaobutter: 50 ml geschmolzene Kakaobutter und 1 EL rohes Kakaopulver, 1 EL gemahlener Xylit und 1 EL weißes Mandel- oder Cashewmus

Pure Kakaoliquorglasur: 50 g geschmolzener Kakaoliquor
Ein unbeschreiblicher Genuss sind süße, reife Bananen, die in die pure, leicht herbe Kakaomasse getaucht und dann gekühlt werden. Diese sind ein Highlight auf jedem Festtagsmenü – oder einfach mal so eine besondere Nascherei.

Süße, cremige Kakaoliquorglasur: 50 g geschmolzener Kakaoliquor und 20 g weißes Mandel- oder Cashew-Mus, 1 EL gemahlener Xylit, 1 TL Mesquitepulver und ½ TL Vanillepulver

Glasur als Pralinenhülle: Diese Glasuren können Sie auch in Silikonförmchen oder Pralinenhüllen gießen und die Formen damit auskleiden, indem Sie die flüssige Glasur herumschwenken. Lassen Sie die mit Glasur benetzten Formen auskühlen, dann können Sie eine andere beliebige Masse, z. B. eine Nuss-Frucht-Masse oder ein Marzipan, hineingeben. Geben Sie dann noch einmal Glasur obendrauf, um die Pralinen zu verschließen, und stellen Sie Silikonförmchen wieder kühl.

Einfärben von z. B. Kokosraspeln

Kokosraspel machen sich immer gut, um z. B. Nuss-Frucht-Kugeln darin zu wälzen. Es gibt feine Raspel, grobe Raspel und Kokosflakes. Sie können Kokosraspel im Blender zu einer Art Pulver verarbeiten, das Sie wie die bunten Fruchtpulver verwenden, nur eben für eine weiße Dekoration. Sie können auch das Fleisch von frischen Kokosnüssen im Dehydrator trocknen und anschließend vermahlen.

Für die Farbe sorgen pflanzliche Frischpresssäfte oder Einweichwasser von farbintensiven Trockenfrüchten. Experimentieren Sie ein bisschen, was Geschmack und Farbe betrifft.

Meine Lieblingsfärbemittel sind: rote Drachenfrucht (Frischpresssaft oder Einweichwasser von getrockneten Früchten), Granatapfelsaft, Kirschsaft, Himbeersaft, Erdbeersaft, Brombeersaft, Açaí-Beeren-Saft, Johannisbeersaft, Sanddornsaft, Rotkohlsaft, Süßkartoffelsaft und flüssiges Chlorophyll (um nur ein paar zu nennen)

Wenn Sie keine frischen Früchte zur Verfügung haben, können Sie auch gefrorene Früchte mixen und den Saft durch ein Sieb geben. Oder Sie verwenden getrocknete Früchte, weichen sie in Wasser ein und verwenden das bunte Einweichwasser. Pulverisierte Früchte, Gemüse, Blätter, Gräser, Kräuter und Blüten können mit Wasser vermischt auch wunderbare Farben abgeben. Man kann damit nicht nur Kokosraspel, sondern auch Teige und Glasuren einfärben oder die bunten Frucht- und Gemüsepulver einfach als Deko zum Darüberstreuen verwenden.

Eine Art Karamell

Wenn Sie Karamell herstellen wollen, gibt es verschiedene Möglichkeiten und Geschmacksrichtungen. Bereiten Sie es nach dem Grundrezept zu, und tauschen Sie einfach nur die Komponenten aus. Auch mit weihnachtlichen Gewürzen oder Vanille schmeckt das Karamell hervorragend.

Grundrezept

100 g weiche, entkernte Datteln
1–2 EL der gewünschten Zutat in Pulverform (Lucuma, Baobab, Mesquite, Maca, Carob, Kakao)
1–2 EL frisch gepresster Fruchtsaft
1 Prise Natursalz (sehr fein gemahlen oder Sprühsalz-Sole)

Mixen Sie alle Zutaten gut miteinander, und verwenden Sie diese als feste oder cremige Masse (je nach Zugabe von Flüssigkeit). Soll die Masse schnittfest werden, können Sie diese 4–6 Stunden bei 42°C trocknen. Oder Sie entscheiden sich für die gekühlte Variante, geben einfach 30 g geschmolzene Kakaobutter hinzu und stellen das Ganze für 1–2 Stunden in die Kühlung.

Fruchtleder

Im Rahmen dieses Buches möchte ich die Zubereitung von Fruchtleder nur kurz beschreiben. Ausführliche Rezepturen dazu finden Sie in meinem Buch »Naturgesunde Fruchtleder & Wraps«. Um ein Fruchtleder herzustellen, können Sie alle erdenklichen Früchte und Gemüsefrüchte verwenden. Für die Weihnachtsrezepte nehmen Sie einfach die im Rezept angegebenen Früchte und Zutaten. Die Herstellung ist kinderleicht!

Geben Sie insgesamt etwa 500 g Früchte in den Mixer, und mixen Sie diese zu einem glatten Fruchtpüree. Je nach Wassergehalt der Früchte kann die Konsistenz der Masse variieren. Auch wenn sie recht flüssig erscheint, eignet sie sich für Fruchtleder. Streichen Sie die gemixten Früchte dünn auf einem Paraflexxbogen aus, der auf einem Gitter Ihres Lebensmitteltrockners liegt. Nutzen Sie die Paraflexxbögen des Lebensmitteltrockners, sonst bekommen Sie die Leder nur schwer vom Gitter. Arbeiten Sie hier sehr gleichmäßig, damit das Leder auch gleichmäßig durchtrocknet. Wenn Sie das Leder etwas stabiler haben wollen, können Sie z. B. bei besonders wasserreichen Früchten noch eine Banane dazugeben. Soll es eher karamellig und flexibel sein, geben Sie noch 1 EL Mandelmus dazu. Auch mit 1 EL Flohsamenschalen, die mit den Früchten gemixt werden, erreichen Sie eine festere Konsistenz. Probieren Sie ein bisschen herum, welche Art von Fruchtleder sich für Ihr Rezept am besten eignet.

Die Trockenzeit des ausgestrichenen Fruchtmuses beträgt z. B. beim Excalibur 8–12 Stunden, je nach Dicke des Muses. Fruchtleder werden niemals umgedreht, sondern durchgetrocknet, bis sie sich vom Paraflexxbogen abziehen lassen. Anschließend können Sie die Fruchtleder als Hülle für Strudel verwenden, für Rollen und Röllchen aller Art, um Kuchen oder Füllungen einzupacken … oder einfach zum Naschen für zwischendurch.

KUCHEN und DESSERTS

Beeren-Brownies

* 200 g Dattelmus * 100 g Paranüsse
* 75 g getrocknete Waldbeeren
* je 75 g Haselnüsse und Walnüsse oder Pekannüsse * 50 g geschmolzene Kakaobutter * 4 EL Kakaopulver
* je 1 EL Carobpulver und Baobab-Fruchtpulver * 1 EL Kakaonibs
* 1 Prise Himalayasalz

ZUBEREITUNG Mahlen Sie alle Nüsse in der Küchenmaschine. Mahlen Sie die getrockneten Waldbeeren. Geben Sie alle Zutaten in die Küchenmaschine, und verarbeiten Sie den Teig so lange, bis er die optimale Konsistenz hat. Bringen Sie den Teig mithilfe von Servierringen in Form. Das Einfachste jedoch ist, wenn Sie einen 3–4 cm hohen, quadratischen oder rechteckigen Kuchen daraus formen und diesen dann kühl stellen. Teilen Sie ihn dann in Brownies. Besonders ansprechend sehen die Beeren-Brownies mit einer dunklen Schokoglasur oder einer Nougatschicht überzogen und mit getrockneten Beeren garniert aus.

VARIANTEN: Sehr leckere pikante Brownies erhalten Sie, wenn Sie 150 g Dattelmus, je 100 g Paranüsse und getrocknete Tomaten, je 75 g Haselnüsse und Walnüsse oder Pekannüsse, 50 g geschmolzene Kakaobutter, 4 EL Kakaopulver, 2 EL Carobpulver, je 1 EL Kakaonibs und Cayennepfeffer sowie 1 Prise Himalayasalz zu einem Teig verarbeiten. Wer es besonders scharf mag, kann die Brownies mit einer Kakao-Chili-Mischung bepudern.

Christmas-Brownies

* je 150 g gemahlene Mandeln und Haselnüsse * Saft von 1 Orange
* je 100 g Dattelmus und Mandelmus
* je 50 g geschmolzene Kakaobutter und Kakaoliquor (alternativ 100 g geschmolzene Kakaobutter und 3 EL Kakaopulver)
* 1 EL abgeriebene Orangenschale
* je 1 TL Zimt und Kardamom
* ½ TL Vanille * 2 Tropfen Orangenöl
* 1 Prise Himalayasalz

ZUBEREITUNG Kneten Sie aus allen Zutaten einen gleichmäßigen Schokoladenteig. Füllen Sie ihn in eine runde oder eckige, nicht zu große Tortenform. Stellen Sie das Ganze zum Festwerden in den Kühlschrank. Schneiden Sie die Brownies aus dem Teig heraus, z. B. in Dreiecken, Rauten, Quadraten oder was immer Ihnen gefällt. Nun können Sie die Brownies glasieren und mit Walnusshälften oder Pekannüssen dekorieren. Stellen Sie die Brownies zum Aushärten wieder in den Kühlschrank.

TIPP: Sie können dieses Rezept als Kuchen oder sogar als Pralinengröße servieren und nach Lust und Laune überziehen und dekorieren. Durch die Kakaobutter und die Kakaomasse bekommt der Teig eine herrlich schokoladige Festigkeit.

Christstollen

Für den Teig: * 300 g aktivierte Mandeln * 150 g geschmolzene Kakaobutter * 150 ml Orangensaft * 100 g aktivierte Haselnüsse * je 100 g Dattelmus und Mandelmus * 50–100 g Kokosmehl * 1 EL Stollengewürz (oder Zimt, Kardamom und Nelken) * je 1 TL abgeriebene Schale von Zitronen und Orangen * je ½ TL Vanille und Himalayasalz

---

Für die Füllung: * je 30 g getrocknete Orangen- und Zitronenfilets (alternativ Orangeat und Zitronat), Goji-Beeren und grüne Rosinen

Für die Dekoration: ⋆ 30 g fein gemahlener Xylit ⋆ 10 g abgeriebene, getrocknete und gemahlene Orangenschale ⋆ gehobelte Mandeln oder ganze Nüsse und Trockenfrüchte

---

ZUBEREITUNG Geben Sie alle Zutaten bis auf das Kokosmehl in die Küchenmaschine, stellen Sie einen Teig her. Kneten Sie das Kokosmehl von Hand mit ein, bis der Teig die optimale Konsistenz hat. Heben Sie die Orangen- und Zitronenfilets, grüne Rosinen und Goji-Beeren vorsichtig unter. Formen Sie einen großen oder drei kleine Stollen. Sie können den Teig auch in eine Frischhaltefolie einschlagen und ihn innerhalb der Folie formen. Oder Sie legen die Folie in eine Stollenform und drücken den Teig hinein. Stürzen Sie den Stollen auf eine Kuchenplatte, und entfernen Sie Form und Folie. Stellen Sie den Stollen 2–3 Stunden kühl, bis er schön fest ist. Nehmen Sie ihn mindestens 1 Stunde vor dem Servieren aus dem Kühlschrank, und bestäuben Sie ihn mit fein gemahlenem Xylit oder mit einer Mischung aus Xylit-Puder und Orangenabrieb. Dekorieren Sie den Stollen nach Wunsch, indem Sie z. B. ganze Nüsse leicht hineindrücken.

TIPP: Einen haltbaren Stollen stellen Sie her, indem Sie statt der 150 g Kakaobutter 150 ml Wasser und ca. 100 g Flohsamenschalen für den Teig verwenden. Mit etwas mehr oder weniger Wasser können Sie die Konsistenz beeinflussen. Bringen Sie den Stollen in Form, und lassen Sie ihn 5–7 Stunden bei 42° C im Lebensmitteltrockner trocknen. Danach können Sie ihn in Scheiben schneiden und diese weitere 1–2 Stunden trocknen.

Carob-Lebkuchen-Herzen

- 250 g Mandeln
- 100 g entkernte Datteln
- 100 ml Wasser
- je 1 EL goldene Leinsamen und Flohsamenschalen
- 1 EL Carobpulver
- 1–2 TL Lebkuchengewürz
- 1 Prise Natursalz

Schoko-Christstollen

Für den Teig: * 300 g Mandeln oder aktivierte Mandeln * 150 g geschmolzene Kakaobutter oder Kakaoliquor * 150 ml Orangensaft * 100 g grüne Rosinen * je 100 g Dattelmus und Mandelmus * 50–100 g Kokosmehl * je 50 g Walnüsse und Haselnüsse * 2 EL Kakaopulver * 1 EL Stollengewürz (oder Zimt, Kardamom und Nelken) * 1 EL Carobpulver * je ½ TL Vanille und Himalayasalz

Für die Füllung: * je 30 g gehackte getrocknete Ananas, getrocknete Sauerkirschen, grüne Rosinen und Kakaonibs

---

ZUBEREITUNG Verarbeiten Sie alle Zutaten für den Teig bis auf das Kokosmehl in einer Küchenmaschine. Kneten Sie das Kokosmehl von Hand mit ein, bis der Teig die optimale Konsistenz hat. Arbeiten Sie die gehackten Trockenfrüchte und die Kakaonibs vorsichtig in den Teig ein, und formen Sie ihn so, wie beim hellen Christstollen beschrieben.

TIPP: Für eine helle Verzierung mischen Sie 30 g fein gemahlenen Xylit mit je ½ TL Vanille und Zimt. Für eine dunkle Verzierung durch Puder vermischen Sie 20 g fein gemahlenen Xylit mit 10 g Kakao- oder Carobpulver und würzen mit Vanille, Zimt oder Chili. Auch ein glasierter Christstollen schmeckt toll, z. B. mit einer Karamellglasur (siehe S. 40).

Carob-Nuss-Kuchen

- je 100 g Paranüsse und Mandeln
- je 100 g entkernte Datteln und weiche Trockenpflaumen
- 50 g Haselnüsse
- 50 g Carobpulver
- je 1 TL Zimt, gemahlene Zimtblüten und gemahlener Sternanis
- je 1 Prise gemahlene Nelken und Natursalz

ZUBEREITUNG Geben Sie alle Zutaten – ohne Einweichen – in Ihre Küchenmaschine mit S-Messer, und bearbeiten Sie den Teig danach noch einmal von Hand. Legen Sie eine Kastenform mit Frischhaltefolie aus, geben Sie den Teig hinein und drücken ihn in die Form. Stellen Sie ihn 2–3 Stunden in den Kühlschrank, und bepinseln Sie die Oberfläche danach mit einer Glasur Ihrer Wahl. Stellen Sie den Kuchen danach noch einmal ca. 30 Minuten kühl, damit die Glasur richtig fest wird.

Nun nehmen Sie den Carob-Nuss-Kuchen samt Frischhaltefolie aus der Form, ziehen Sie die Folie ab, und setzen Sie ihn auf eine Kuchenplatte. Garnieren Sie mit Sternanis, Nüssen oder weihnachtlichen Gewürzschoten.

Carob-Zimt-Torte

Für den Boden: ⋆ 200 g Bananen ⋆ 100 g gemahlene Erdmandeln ⋆ 70 g Kokosmehl ⋆ 30 g Carobpulver ⋆ 1 EL Zimt

Für die Creme: ⋆ 300 g Cashewkerne ⋆ 150 g Dattelmus ⋆ 150 g Kakaobutter ⋆ 50 g Kokosöl oder Kokosmus ⋆ 50 g Carobpulver ⋆ je 1 TL Espressopulver oder Mesquitepulver und Zimt

ZUBEREITUNG Mixen Sie die Bananen, und verarbeiten Sie alle Zutaten für den Boden mit der Küchenmaschine zu einem glatten Teig. Stellen Sie eine runde Springform auf eine Kuchenplatte, und verteilen Sie den Teig darin. Streichen Sie den Boden schön glatt. Die Konsistenz des Bodens können Sie mit mehr oder weniger Kokosmehl beeinflussen.

Für die Creme weichen Sie die Cashewkerne über Nacht in Wasser ein. Nach dem Abspülen geben Sie sie mit allen anderen Zutaten in den Mixer. Die Kakaobutter kann vorher geschmolzen werden, oder Sie raspeln sie klein und geben sie so dazu. Beim Mixen schmilzt sie von selbst.

Verteilen Sie die Creme direkt auf dem Tortenboden in der Springform, dann stellen Sie die Torte 4–5 Stunden (oder über Nacht) in den Kühlschrank. Wenn es schnell gehen soll, reicht auch 1 Stunde im Gefrierfach aus. Lösen Sie die Torte mit einem schmalen Messer von der Form, und ziehen Sie diese ab. Nun können Sie nach Lust und Laune garnieren, z. B. mit zusätzlichen Glasuren, mit Schokopralinen oder Kugeln.

Früchtebrot

Grundrezept für Früchtebrot

⋆ 200 g Mandeln ⋆ je 100 g entkernte Datteln und gemahlene Mandeln ⋆ 100 ml Orangensaft ⋆ je 50 g Kokosmehl und Flohsamenschalen ⋆ 50 ml Zitronensaft ⋆ je 50 g getrocknete Äpfel, Sultaninen und grüne Rosinen ⋆ je 30 g Orangeat und Zitronat ⋆ je 30 g ganze Haselnüsse und Walnusshälften ⋆ je 1 TL Zimt, gemahlener Sternanis und Kardamom ⋆ 1 Prise Natursalz

ZUBEREITUNG Weichen Sie die Mandeln mindestens 12 Stunden und die Datteln 2–3 Stunden in klarem Wasser ein. Gießen Sie beides ab, und fangen Sie ca. 100 ml des Einweichwassers von den Datteln auf. Mixen Sie die eingeweichten Mandeln und Datteln, das Einweichwasser sowie den Orangen- und den Zitronensaft. Gießen Sie die Masse in eine Schüssel, und geben Sie die gemahlenen Mandeln, das Kokosmehl, die Flohsamenschalen dazu. Kneten Sie einen gleichmäßigen Teig daraus. Hacken Sie die getrockneten Äpfel, das Orangeat und das Zitronat. Geben Sie nun die Haselnüsse, die Walnusshälften, die Äpfel, die Sultaninen, die grüne Rosinen, das Orangeat und das Zitronat hinzu. Kneten Sie die Früchte und die Nüsse unter, und formen Sie ein großes oder mehrere kleine Früchtebrote daraus. Ich bevorzuge kleine Brote, da sie eine kürzere Trockenzeit brauchen. Sie können das Früchtebrot aber auch einfach ein paar Stunden kühl stellen und frisch servieren. Ein ungetrocknetes Früchtebrot ist gekühlt nur ein paar Tage haltbar.

TIPP FÜR ALLE FRÜCHTEBROT-REZEPTE:

Sollte der Teig zu fest werden, können Sie etwas mehr Wasser oder Orangensaft dazugeben. Sollte er mehr Konsistenz benötigen, erreichen Sie dies durch die Zugabe von gemahlenen Mandeln, Kokosmehl oder Flohsamenschalen. Mit Mandeln wird der Teig etwas lockerer, mit Flohsamenschalen etwas fluffiger und mit Kokosmehl etwas fester.

Wenn Sie Früchtebrote verschenken möchten, lassen Sie die Brote erst ca. 3 Stunden im Dehydrator antrocknen. Anschließend schneiden Sie sie in ca. 2 cm dicke Scheiben und lassen diese weitere 5–6 Stunden trocknen.

Exotisches Früchtebrot

* 200 g Mandeln * 150 g entkernte Datteln * 100 g gemahlene Mandeln * 100 ml Orangensaft * 70 g Kokosmehl * 30 g Flohsamenschalen * je 30 g ganze Cashewkerne und grüne Pistazien * je 20 g Goji-Beeren, grüne Rosinen, getrocknete Ananas, getrocknete Sauerkirschen und getrocknete Maulbeeren * 1 Prise Natursalz

ZUBEREITUNG Weichen Sie die Mandeln und Datteln wie im Grundrezept ein, und mixen Sie Mandeln und Datteln, Einweichwasser der Datteln sowie den Orangensaft. Hacken Sie die größeren getrockneten Früchte. Kneten Sie den Teig, und arbeiten Sie die Nüsse und Früchte unter. Formen Sie ein großes oder mehrere kleine Brote, die Sie frisch oder getrocknet servieren können.

Nussfreies Früchtebrot

⋆ je 200 g Erdmandeln (Chufas Nüssli) und gemahlene Erdmandeln ⋆ 100 g gehackte Trockenfrüchte (Datteln, Rosinen, Aprikosen, Pflaumen, Äpfel) ⋆ 100 g entkernte Datteln ⋆ 100 ml Orangensaft ⋆ je 25 g Sonnenblumen-Crunch (Seite 32), Buchweizen-Crunch (Seite 33), geschälte Hanfsamen und Kakaonibs ⋆ 1 EL Kokosmehl, Flohsamenschalen oder eine Mischung aus beiden ⋆ je ½ TL Zimt und Kardamom ⋆ 1 Prise Natursalz

---

ZUBEREITUNG Weichen Sie die Erdmandeln und Datteln wie im Grundrezept ein, und mixen Sie Erdmandeln und Datteln, Einweichwasser sowie den Orangensaft. Kneten Sie den Teig, und arbeiten Sie die Samen, den Crunch und die Trockenfrüchte unter. Formen Sie ein großes oder mehrere kleine Brote, die Sie frisch oder getrocknet servieren können.

Gefüllter Apfel mit Mandeln und Zimt

- 1 großer Apfel
- 2 EL Mandelmus
- 1 EL Dattelmus
- je 1 EL grüne Rosinen und gehackte Mandeln
- je 1 TL Ceylon-Zimt und abgeriebene Orangenschale
- 1 Prise Kardamom

ZUBEREITUNG Geben Sie das Mandelmus, das Dattelmus, den Zimt und Kardamom in eine Schüssel, und kneten Sie das Ganze so lange von Hand, bis eine glatte, glänzende Masse daraus entstanden ist. Mischen Sie den Orangenabrieb, die grünen Rosinen und die gehackten Mandeln unter, und kneten Sie die Masse noch einmal gut durch. Höhlen Sie den Apfel aus, zerkleinern Sie das Innere des Apfels bis auf das Kerngehäuse, rühren Sie die frischen Apfelstückchen in die Masse ein, und befüllen Sie den Apfel damit. Streuen Sie etwas Zimt obendrauf. Stellen Sie den Apfel ca. 3 Stunden in den Lebensmitteltrockner, damit er leicht dehydriert und die Aromen seiner Füllung komplett in ihn übergehen. Nehmen Sie ihn dann heraus, und garnieren Sie ihn nach Wunsch. Auch eine Glasur macht sich hier gut!

TIPP: Ein wundervolles weihnachtliches Dessert! Auch für sich allein gegessen ist der Mandel-Zimt-Apfel sehr sättigend und unbeschreiblich lecker.

Gefüllte Feigen

- 4 frische Feigen
- 100 g Cashewkerne
- 1 EL Dattelmus
- 1 EL Baobab-Fruchtpulver
- Saft von 1 Zitrone
- 10 g grüne Pistazien
- abgeriebene Schale von 1 Zitrone oder 1–2 Tropfen Zitronenöl

ZUBEREITUNG Weichen Sie die Cashewkerne mindestens 6 Stunden oder über Nacht in etwas Wasser ein. Nach dem Abgießen spülen Sie sie kurz mit klarem Wasser, und geben Sie sie samt dem Zitronensaft, dem Zitronenabrieb und dem Dattelmus in den Mixer. Mixen Sie das Ganze zu einer glatten Creme. Wenn nötig, geben Sie noch ein paar Tropfen Wasser dazu. Schneiden Sie die Feigen zwei Mal quer durch. Bestreichen Sie die Schnittflächen mit der Cashew-Zitronen-Creme, und geben Sie zur Deko noch ein paar Pistazien dazwischen. Setzen Sie die Feige wieder zusammen, und servieren Sie.

TIPP: Gefüllte Feigen machen sich ebenso wie die gefüllten Orangen und der gefüllte Apfel wunderbar auf einem festlichen Weihnachtsbuffet!

Gefüllte Orange mit Kokos-Krokant

- 2 ausgehölte Orangenhälften
- 70 g Kokosmus
- je 35 g feine Kokosraspel und grobe Kokosraspel
- 1 EL Baobab-Fruchtpulver
- abgeriebene Schale von 1 Orange

ZUBEREITUNG Arbeiten Sie in das leicht flüssige Kokosmus die Kokosraspeln und das Baobab-Fruchtpulver unter. Füllen Sie die Orangenhälften damit, geben Sie den Orangenabrieb dekorativ darüber, und stellen Sie das Ganze ca. 20 Minuten in den Kühlschrank.

TIPP: Gefüllte Orangen sind sehr lecker und schnell zubereitet! Das Rezept ist ohne Süßungsmittel. Süßen Sie auf Wunsch mit Xylit oder Dattelmus nach Belieben.

Gefüllte Orange mit weihnachtlichen Gewürzen

- 1 Orange
- 2 Avocados
- 2 EL Dattelmus
- 2 EL Kakaopulver
- 1 EL Irish-Moss-Gel oder Chia-Samen-Gel
- 1 TL abgeriebene Orangenschale
- ½ TL Zimt und Kardamom
- 1 Prise Natursalz

ZUBEREITUNG Teilen Sie die Orange in zwei Hälften. Setzen Sie die Hälften vorsichtig auf einen Teller, und entnehmen Sie das Fruchtfleisch, das Sie dann weitgehend von Haut und Kernen befreien. Teilen Sie die Avocados, entfernen Sie den Kern, und entnehmen Sie das Fruchtfleisch. Mixen Sie das Fruchtfleisch von Orange und Avocado, das Dattelmus, das Irish-Moss- oder das Chia-Samen-Gel und alle anderen Zutaten zu einer glatten Creme. Füllen Sie die Creme in die Orangenhälften. Als Deko eignen sich Zimtstangen, Sternanis und/oder Kakaonibs.

Gewürzkuchen

Für den Boden: ★ 100 g gemahlene Erdmandeln ★ je 100 g Datteln und Trockenpflaumen ★ 75 ml Apfelsaft ★ je 50 g gemahlene Mandeln und Kokosmehl ★ 50 g Kakaoliquor (alternativ 50 g geschmolzene Kakaobutter mit 1–2 EL Kakao- oder Carobpulver) ★ 1 EL Pflaumengewürz

Entkernen Sie die Datteln und die Trockenpflaumen, und weichen Sie sie 1–2 Stunden in etwas Wasser ein. Mixen Sie sie mit dem Einweichwasser, dem Apfelsaft und dem Pflaumengewürz. Anschließend geben Sie die Masse mit den gemahlenen Erdmandeln, gemahlenen Mandeln und dem Kokosmehl in eine Schüssel. Schmelzen Sie den rohen Kakaoliquor im Wasserbad oder im Lebensmitteltrockner, und geben Sie ihn dazu. Verarbeiten Sie alle Zutaten zu einem gleichmäßigen Teig, und füllen Sie ihn in eine Springform.

Für die erste Schicht: * 200 g weiche Trockenpflaumen
* 100 g Mandelmus * 50 g getrocknete Sauerkirschen
* je 1 TL Zimt und gemahlener Sternanis

Weichen Sie die Trockenpflaumen samt Sauerkirschen ein, und mixen Sie sie mit dem Einweichwasser zu Mus. Geben Sie das Mandelmus, den Zimt und den Sternanis dazu, und verarbeiten Sie alles zu einer glatten Masse. Streichen Sie die Masse über den Kuchenboden.

Für die Schokomasse: * 200 g Cashewkerne * je 100 g Dattelmus und Mus aus getrockneten Mangos * 100 g Kakaobutter * 75 ml Orangensaft
* je 50 g Kakaoliquor und Kakaonibs * 30 g Baobab-Fruchtpulver
* je 1 EL Kakaopulver und Carobpulver * 1 TL abgeriebene Orangenschale

Weichen Sie die Cashewkerne über Nacht in Wasser ein, spülen Sie sie ab, und mixen Sie sie mit dem Orangensaft. Schmelzen Sie die Kakaobutter und den Kakaoliquor. Geben Sie alle Zutaten außer den Kakaonibs nacheinander in den Mixer, und mixen Sie eine Schokocreme daraus. Heben Sie zum Schluss die Hälfte der Kakaonibs unter.

ZUBEREITUNG Gießen Sie die Schokomasse auf den Kuchenboden in die Springform. Stellen Sie den Kuchen für 60–90 Minuten ins Eisfach oder für 5–6 Stunden in den Kühlschrank, und gießen Sie dann eine Glasur Ihrer Wahl darüber, die auf dem eiskalten Kuchen sofort fest wird. Sie können den Kuchen auch einen Tag vor dem großen Festessen herstellen und über Nacht im Kühlschrank lassen. Sternanis, Plätzchen und essbarer Goldglitter passen wunderbar auf dieses weihnachtliche Kunstwerk.

Carob-Lebkuchen-Herzen

- 250 g Mandeln
- 100 g entkernte Datteln
- 100 ml Wasser
- je 1 EL goldene Leinsamen und Flohsamenschalen
- 1 EL Carobpulver
- 1–2 TL Lebkuchengewürz
- 1 Prise Natursalz

ZUBEREITUNG Weichen Sie die Datteln 2–3 Stunden in etwas Wasser ein. Mixen Sie die Datteln mit dem Einweichwasser zu Dattelmus. Mahlen Sie die Leinsamen und die Flohsamenschalen fein. Geben Sie der Reihe nach Mandeln, Flohsamenschalen, Leinsamen und Gewürze in eine Schüssel, und verarbeiten Sie alles mit der Hand oder mit der Küchenmaschine zu einem homogenen Teig. Rollen Sie den Teig aus, und stechen Sie mithilfe kleiner Förmchen Herzen aus. Sie können auch Sterne, Rauten, Quadrate oder Dreiecke schneiden oder alle anderen Plätzchenformen verwenden.

Geben Sie die Sternchen ca. 6 Stunden in den Lebensmitteltrockner. Bedenken Sie, dass die Trockenzeiten je nach Dicke des Teiges und nach Trocknermodell unterschiedlich sein können. Drehen Sie die Sterne um, indem Sie einen Trockenboden (ohne den Paraflexxbogen) auf die Sterne legen, die Böden mit einer schnellen Bewegung wenden, das Trockengitter oben abnehmen, und den Paraflexxbogen flach abziehen. So bleibt nichts an den Bögen hängen. Lassen Sie die Lebkuchensterne dann zu Ende trocknen, einfach so lange, bis die gewünschte Konsistenz erreicht ist. Kürzere Trockenzeiten ergeben einen frischen und weichen Lebkuchen, der in 1–2 Tagen aufgegessen werden sollte. Längere Trockenzeiten führen zu trockeneren Lebkuchen, die sogar mehrere Tage bis Wochen haltbar sind.

Apfel-Möhren-Lebkuchen

- 250 g Mandeln
- je 100 g entkernte Datteln und fein geraspelte Äpfel
- 50–100 ml Orangen- oder Apfelsaft
- 50 g Flohsamenschalen
- 50 g fein geraspelte Karotte
- 30 g goldene Leinsamen
- je 1 TL gemahlener Anis, Kardamom und Zimt
- 1 Prise Natursalz

ZUBEREITUNG Weichen Sie die Mandeln über Nacht in Wasser ein. Weichen Sie die Datteln 1–2 Stunden in etwas Wasser ein. Spülen Sie die Mandeln unter fließendem Wasser ab. Verwenden Sie sie ohne oder mit der braunen Haut, wie es Ihnen lieber ist. Ich entferne die Haut gern, das ist aber eine Menge Arbeit. Mahlen Sie die Flohsamenschalen und die Leinsamen fein. Geben Sie alle Zutaten in eine Küchenmaschine, und bereiten Sie einen gleichmäßigen Teig zu. Rollen Sie den Teig in gewünschter Dicke zu einem großen Quadrat aus oder in der Form Ihrer Trockenböden. Achten Sie darauf, dass die Seitenränder schön glatt und gleichmäßig sind. Anschließend teilen Sie den Teig mit dem Rücken eines großen Messers oder mit einem Teigschaber in Rechtecke. Trocknen Sie die Lebkuchen von beiden Seiten 6–8 Stunden. Garnieren Sie die Lebkuchen nach Wunsch mit Mandelblättchen oder Nusskrokant (siehe Seite 32). Sie können sie auch mit einer Glasur (siehe Seite 37) überziehen oder sie kurz kühl stellen und direkt vor dem Servieren mit etwas gemahlenem Xylit bestreuen.

Haselnuss-Walnuss-Lebkuchen

- 150 g entkernte Datteln
- 100 g Haselnüsse
- 100 g gemahlene Haselnüsse
- 50 g Walnüsse
- je 50 g gemahlene Walnüsse und Flohsamenschalen
- 30 g goldene Leinsamen
- 1 EL Lebkuchengewürz
- 1 Prise Natursalz

ZUBEREITUNG Lassen Sie die Nüsse und Datteln über Nacht einweichen. Gießen Sie das Einweichwasser der Nüsse ab. Pürieren Sie die Nüsse und die Datteln im Mixer. Wenn nötig, geben Sie etwas Wasser hinzu. Dosieren Sie aber vorsichtig. Mahlen Sie die Flohsamenschalen und Leinsamen fein. Geben Sie die gemahlenen Nüsse, Flohsamenschalen, Leinsamen und Gewürze zu den pürierten Datteln und Nüssen. Formen Sie einen homogenen Teig daraus, und lassen Sie ihn etwa 30 Minuten ruhen. Formen, trocknen und garnieren Sie die Haselnuss-Walnuss-Lebkuchen wie den Apfel-Möhren-Lebkuchen.

Nussfreie Lebkuchen

- je 200 g entkernte Datteln, Feigen und Erdmandeln (Chufas Nüssli)
- 300 g gemahlene Erdmandeln
- 1 EL Lebkuchengewürz
- 1 TL abgeriebene Orangenschale
- 1 Prise Natursalz

ZUBEREITUNG Weichen Sie die Erdmandeln mindestens über Nacht in Wasser ein. Geben Sie die gemahlenen Erdmandeln, die Datteln, die Feigen und die Gewürze in die Küchenmaschine, und bereiten Sie einen gleichmäßigen Teig daraus zu. Rollen Sie den Teig schön dick aus, drücken Sie einfach die Nüsse oder Trockenfrüchte in den Teig hinein, und schneiden Sie die Lebkuchen in Form, oder stechen Sie sie aus. Anschließend lassen Sie die Lebkuchen 2–3 Stunden im Kühlen ruhen. Sie können diese Lebkuchen frisch und gekühlt servieren oder so lange im Lebensmittel trocknen, bis sie die von Ihnen gewünschte Konsistenz erreicht haben. Wenn Sie sie trocknen wollen, geben Sie am besten noch 1–2 EL Flohsamenschalen und den Saft einer Orange in den Teig hinein. Der Teig wird beim Trocknen dann etwas lockerer.

TIPP: Lebkuchengewürz lässt sich auch selbst herstellen. Mischen Sie einfach zu gleichen Teilen Anis, Kardamom, Muskatnuss, Nelken und Zimt.

Rustikaler Lebkuchen

- 300 g gemahlene Mandeln
- 100 g gehackte Haselnüsse
- 50 ml Wasser
- je 100 g getrocknete Bananen und Äpfel
- 2 EL rohes Kakaopulver
- 1 EL Zimt
- Saft und abgeriebene Schale von 1 Zitrone
- je 1 TL Vanille und Kardamom
- ½ TL Nelken
- 1 Prise Muskatnuss

ZUBEREITUNG Geben Sie alle Zutaten in eine Schüssel, und verarbeiten Sie alles zu einem gleichmäßigen Teig. Durch Zugabe von etwas mehr Wasser wird der Teig noch geschmeidiger. Durch Zugabe von etwas mehr Kokosmehl erhält der Teig mehr Konsistenz. Formen Sie kleine Lebkuchen, und trocknen Sie sie im Lebensmitteltrockner von jeder Seite 4–8 Stunden bei ca. 42°C. Anschließend können Sie die rustikalen Lebkuchen nach Wunsch dekorieren.

Weihnachts-lebkuchen

⋆ 200 g Mandeln ⋆ 200 g Dattelmus ⋆ 100 ml Orangensaft ⋆ 100 g gemahlene getrocknete Apfelringe ⋆ 1 großer Apfel ⋆ je 75 g Haselnüsse und Paranüsse ⋆ 75 g geschmolzene Kakaobutter ⋆ 1–2 EL Lebkuchengewürz ⋆ je 1 EL Kokosmehl, Kakaopulver und Carobpulver ⋆ ½ TL Vanille ⋆ 1 TL abgeriebene Orangenschale

ZUBEREITUNG Schneiden Sie einen großen Apfel in ca. 3 mm dünne Scheiben, und lassen Sie diese zwischen zwei Trockengittern 4–6 Stunden trocknen. Auf diese Weise biegen sich die Scheiben nicht und dienen Ihnen als Oblate. Verarbeiten Sie alle Zutaten in der Küchenmaschine zu einem feinen Teig. Mithilfe von Orangensaft oder Kokosmehl können Sie die Konsistenz des Teigs beeinflussen. Die Menge der Gewürze darf gern auf den individuellen Geschmack abgestimmt werden. Formen Sie aus dem Teig runde Lebkuchen, die Sie auf einen Apfelring legen. Der Lebkuchen darf ruhig 1–1,5 cm hoch sein. Stellen Sie die Weihnachtslebkuchen 2–3 Stunden kühl. Glasieren oder verzieren Sie sie nach Ihrem Geschmack.

VARIANTEN: Sie können die Lebkuchen auch im Lebensmitteltrockner durchtrocknen, dann müssen Sie aber für den Teig die Kakaobutter weglassen. Setzen Sie die Lebkuchen ohne Paraflexxbogen direkt auf das Trockengitter. Nach 4–6 Stunden bei 42 °C können Sie sie herausnehmen, sie abkühlen lassen und mit einer Glasur bestreichen oder dekorieren.

Nusskreise oder -ecken

Für den Boden: ⋆ 200 g entkernte Datteln ⋆ je 100 g Haselnüsse, Mandeln und Paranüsse ⋆ je 50 g Rosinen und Feigen ⋆ 1 EL Mandelmus ⋆ 1 EL abgeriebene Orangenschale ⋆ 2 Tropfen Orangenöl ⋆ 1 Prise Natursalz

---

Geben Sie alle Zutaten in eine Küchenmaschine, und verarbeiten Sie alles zu einem gleichmäßigen, groben Teig.

Für den Belag: ⋆ 100 g entkernte Datteln ⋆ 60 g Mandelstifte ⋆ je 40 g Sonnenblumenkerne und Sesam ⋆ 20 g Kürbiskerne

Weichen Sie alle Kerne außer die Mandelstifte getrennt voneinander über Nacht in klarem Wasser ein. Nach dem Abspülen lassen Sie sie wieder trocknen. Weichen Sie die Datteln 2–3 Stunden ein, und mixen Sie sie mit dem Einweichwasser. Geben Sie das Dattelmus, die Mandelstifte und die Kerne in eine Schüssel, und vermengen Sie alles zu einem Teig.

ZUBEREITUNG Formen Sie mithilfe eines Servierrings Kreise aus dem Teig, oder tragen Sie den Teig ca. 1,5 cm dick auf den Paraflexxbögen des Lebensmitteltrockners auf. Verteilen Sie den Belag auf dem Boden. Entweder füllen Sie dazu den Servierring, ziehen ihn dann ab und bereiten den nächsten Kreis vor, oder Sie bestreichen den Boden komplett. Lassen Sie alles von beiden Seiten 4–6 Stunden trocknen. Falls Sie den Paraflexxbogen komplett belegt haben, schneiden Sie Dreiecke oder Rechtecke aus. Stellen Sie eine Glasur Ihrer Wahl her, und tauchen Sie die Nussecken entweder an den Ecken oder zur Hälfte hinein. Stellen Sie die Nussecken zum Festwerden kurz in den Kühlschrank.

TIPP: Nussecken oder -kreise eignen sich wunderbar als Mitbringsel.

Weihnachtsrolle

Für das Gewürz-Apfel-Leder: * 400 g Äpfel * 100 g Bananen * je 1 TL Zimt, Kardamom und abgeriebene Orangenschale

---

Mixen Sie alle Zutaten, und gießen Sie die Masse auf einen Paraflexxbogen mittig aus. Verteilen Sie sie exakt, und streichen Sie sie glatt. Lassen Sie das Fruchtleder 8–12 Stunden trocknen.

Für die dunkle Füllung: * 100 g Cashewkerne * 50 g Dattelmus * 50 ml Orangensaft * 30 g grüne Rosinen * je 1 EL Baobab-Fruchtpulver und Carobpulver * 1 EL Irish-Moss-Gel * 1 TL abgeriebene Orangenschale

Für die weiße Füllung: ⋆ 100 g Cashewkerne ⋆ 50 g Dattelmus ⋆ 50 ml Zitronensaft ⋆ 30 g grüne Rosinen ⋆ je 1 EL Baobab-Fruchtpulver und Kokosmehl ⋆ 1 EL Irish-Moss-Gel ⋆ 1 TL abgeriebene Zitronenschale

Für die rosa Füllung: ⋆ 100 g Cashewkerne ⋆ 50 g Dattelmus ⋆ 50 g Waldbeeren (oder 25 g getrocknete und gemahlene Waldbeeren) ⋆ je 1 EL Baobab-Fruchtpulver ⋆ 1 EL Irish-Moss-Gel

Für die Füllungen weichen Sie die Cashewkerne 6–8 Stunden oder über Nacht ein. Weichen Sie die Rosinen mit wenig Wasser 1–2 Stunden ein. Mixen Sie alle Zutaten zu einer glatten Creme.

ZUBEREITUNG Schneiden Sie das Fruchtleder in vier gleiche Quadrate. Legen Sie das erste Quadrat auf die Arbeitsplatte, und bestreichen Sie es mit der dunklen Füllung. Legen Sie das zweite Fruchtleder darüber, und bestreichen Sie es mit der hellen Füllung. Als Nächstes legen Sie das dritte Fruchtleder darüber und bestreichen es mit der rosa Füllung. Achten Sie auf ein gleichmäßiges Auftragen. Nun rollen Sie Ihr Kunstwerk vorsichtig zusammen. Stellen Sie die Weihnachtsrolle ca. 1 Stunde in den Kühlschrank zum Festwerden. Dekorieren Sie mit gemahlenem Xylit oder was immer Ihnen gefällt.

VARIANTE: Sie können die Füllungen auch ohne Fruchtleder dazwischen direkt aufeinanderlegen. Für diese leckere Rolle können Sie ein beliebiges Fruchtleder herstellen und unterschiedliche Füllungen – und auch einschichtig, zweischichtig oder dreischichtig arbeiten. Für noch mehr Cremigkeit geben Sie etwas mehr Irish-Moss-Gel, Chia-Gel, Kokosöl oder Kokosmus in die Füllung. Wenn Sie die Füllung etwas fester mögen, geben Sie noch mehr Kakaobutter, Kokosmehl oder Flohsamenschalen-Gel dazu.

Winterlicher Apfelkuchen

Für den Boden: ⋆ je 100 g gemahlene Mandeln und Haselnüsse ⋆ je 100 g Dattelmus und Mandelmus ⋆ 100 g geschmolzene Kakaobutter ⋆ 1 TL Spekulatiusgewürz oder Lebkuchengewürz ⋆ ½ TL Vanille ⋆ 1 Prise Himalayasalz

---

Kneten Sie aus allen Zutaten einen schönen, festen Boden. Legen Sie kleine Tarteförmchen oder einen Tortenboden mit Frischhaltefolie aus, drücken Sie den Teig hinein, und stellen Sie die Böden ca. 1 Stunde in den Kühlschrank.

Für den Belag: ⋆ 5 aromatische Äpfel ⋆ je 50 g Mandelmus und Dattelmus ⋆ 50 g geschmolzene Kakaobutter ⋆ Saft von 2 Orangen ⋆ 50 g grüne Rosinen oder Sultaninen ⋆ ½ Tasse gehackte Mandeln ⋆ 1 EL gemahlener, mit Zimt gemischter Xylit zum Bestreuen

Raspeln Sie die Äpfel sehr grob, geben Sie sie in eine Schüssel, und besprengen Sie sie mit etwas Orangensaft. Pürieren Sie das Mandel- und das Dattelmus, die Kakaobutter und den Orangensaft im Mixer. Heben Sie die geraspelten Äpfel vorsichtig unter die Masse, dann geben Sie die Rosinen und die gehackten Mandeln dazu.

ZUBEREITUNG Tragen Sie den Belag vorsichtig und gleichmäßig auf den fest gewordenen Tortenboden auf, und stellen Sie den Kuchen noch einmal 1–2 Stunden in den Kühlschrank. Bestäuben Sie den Apfelkuchen mit der Mischung aus Xylit und Zimt.

VARIANTE: Bereiten Sie den Boden ohne Kakaobutter zu, dann können Sie ihn 3–4 Stunden in den Lebensmitteltrockner geben. Wenn Sie den Boden dann mit der Apfelmasse bestreichen und weitere 2 Stunden in den Trockner stellen, können Sie den Apfelkuchen aromatisch duftend und warm servieren!

Weihnachtlicher Apfelstrudel

Für die Hülle: ⋆ 400 g Äpfel ⋆ 80 g Bananen ⋆ 20 g Mandelmus ⋆ 1–2 TL Zimt

---

Stellen Sie ein starkes Fruchtleder aus 80 % Äpfeln und 20 % Bananen her, indem Sie alle Zutaten mixen. Wenn es etwas gehaltvoller sein soll, können Sie noch 1 EL Mandelmus oder eingeweichte und gemixte Cashewkerne dazugeben. Gießen Sie die Masse auf einen Paraflexxbogen des Lebensmitteltrockners, streichen Sie sie glatt, und lassen Sie das Leder 8–10 Stunden bei 42°C trocknen.

Für die Füllung: ⋆ 1 kg Äpfel ⋆ 50 g Rosinen (oder grüne Rosinen) ⋆ Saft von 1 Orange ⋆ 150 g eingeweichte Cashewkerne ⋆ 1 EL abgeriebene Orangenschale ⋆ je 1 EL Baobab-Fruchtpulver, gemahlene Flohsamenschalen und Kokosmehl ⋆ 1 TL Zimt

---

Befreien Sie die Äpfel vom Kerngehäuse. Ob Sie die Schale dran lassen oder entfernen, bleibt ganz Ihnen überlassen. Geben Sie 800 g Äpfel in eine Küchenmaschine mit S-Messer, und zerkleinern Sie sie. Wer keine Küchenmaschine hat, kann die Äpfel auch mittelgrob raspeln. Die restlichen Äpfel mixen Sie mit dem Orangensaft, den Cashewkernen, dem Baobab-Fruchtpulver, den Flohsamenschalen, dem Kokosmehl und dem Zimt (alternativ Vanille) und der abgeriebenen Orangenschale. Geben Sie in die Masse die geraspelten Äpfeln, und vermischen Sie alles vorsichtig. Zum Schluss kommen noch die Rosinen hinein, dann ist die Füllung fertig. Durch den Anteil an Kokosmehl und Flohsamenschalen wird die Flüssigkeit etwas aufgesaugt, sodass das Fruchtleder nicht gleich durchweicht.

ZUBEREITUNG Legen Sie das Apfelleder auf eine große Platte, füllen Sie die Masse gleichmäßig mittig der Länge nach hinein. Geben Sie ein paar Rosinen, Bananenstücke oder rohe Kakaonibs darüber, was immer Sie gern mögen. Klappen Sie das Fruchtleder von beiden Seiten über die Füllung, und drücken Sie den Strudel etwas in Form. Garnieren Sie mit etwas fein gemahlenem Xylit und ausgestochenen Früchten, und servieren Sie den weihnachtlichen Strudel.

Weihnachtlicher Beerenstrudel

Für die Hülle: ⋆ 400 g Beeren nach Wunsch oder eine Mischung ⋆ 100 g Bananen ⋆ 50 g Mandelmus ⋆ 1 Prise gemahlener Kardamom

Für die Füllung: ⋆ 400 g gemixte Beeren Ihrer Wahl ⋆ je 200 g Äpfel und Bananen ⋆ 100 g ganze Blaubeeren oder Erdbeeren ⋆ 1 Tasse eingeweichte Cashewkerne ⋆ 2 EL eingeweichte Mohnsamen ⋆ je 1 EL Baobab-Fruchtpulver, gemahlene Flohsamenschalen und Kokosmehl

ZUBEREITUNG Mixen Sie alle Zutaten für die Hülle, und gießen Sie die Masse auf einen Paraflexxbogen des Lebensmitteltrockners, streichen Sie sie glatt, und lassen Sie das Leder 8–10 Stunden bei 42°C trocknen. Raspeln Sie die Äpfel und die Bananen grob, und fügen Sie die ganzen Beeren dazu. Mixen Sie die restlichen Zutaten, und geben Sie sie zu den Äpfeln, Beeren und Bananen. Geben Sie den Mohn dazu. Stellen Sie die Masse kühl, und lassen Sie sie andicken. Legen Sie das Beerenleder auf eine große Platte, füllen Sie die Masse gleichmäßig mittig der Länge nach hinein. Klappen Sie das Fruchtleder von beiden Seiten über die Füllung, und drücken Sie den Strudel etwas in Form. Garnieren Sie mit etwas fein gemahlenem Xylit. Sie können auch ein paar Weihnachtsplätzchen oder frische Früchte um den Strudel herumlegen oder welche mit auf die Füllung geben.

Weihnachtlicher Birnenstrudel

Für die Hülle: ⋆ 500 g Birnen, möglichst eine feste Sorte ⋆ 50 g Mandelmus ⋆ 1 TL Zimt

Für die Füllung: ⋆ 800 g Birnen ⋆ 50 g Rosinen (oder grüne Rosinen) ⋆ Saft von 1 Zitrone ⋆ 1 Tasse eingeweichte Cashewkerne ⋆ 1 EL abgeriebene Zitronenschale ⋆ je 1 EL Baobab-Fruchtpulver, gemahlene Flohsamenschalen und Kokosmehl ⋆ 1 TL Zimt

ZUBEREITUNG Mixen Sie alle Zutaten für die Hülle. Gießen Sie die Masse auf einen Paraflexxbogen des Lebensmitteltrockners, streichen Sie sie glatt, und lassen Sie das Leder 8–10 Stunden bei 42°C trocknen. Befreien Sie die Birnen vom Kerngehäuse. Raspeln Sie die Birnen mit der Schale, oder zerkleinern Sie sie in einer Küchenmaschine mit S-Messer. Mixen Sie den Zitronensaft, den Zitronenabrieb, die Cashewkerne, das Baobab-Fruchtpulver, die Flohsamenschalen, das Kokosmehl und den Zimt, und geben Sie alles zu den zerkleinerten Birnen. Falls die Konsistenz zu flüssig ist, können Sie etwas mehr Flohsamenschalen oder Kokosmehl dazugeben. Legen Sie das Birnenleder auf eine große Platte, füllen Sie die Masse gleichmäßig mittig der Länge nach hinein. Geben Sie ein paar Rosinen und noch etwas Zimt darüber. Klappen Sie das Fruchtleder von beiden Seiten über die Füllung, und drücken Sie den Strudel etwas in Form. Garnieren Sie mit einer Mischung aus jeweils 1 TL Carobpulver und Zimt.

Weihnachtsschmarrn mit Zimt-Apfelmus und Cashew-Vanille-Soße

- 200 g Buchweizen
- je 2 Bananen und entkernte Äpfel
- 50–80 g Flohsamenschalen
- je 1 EL gemahlener Xylit und Zimt

ZUBEREITUNG Weichen Sie den Buchweizen über Nacht oder mindestens 6 Stunden in Wasser ein. Rühren Sie die Flohsamenschalen in 300 ml Wasser an, und lassen Sie die Masse andicken. Spülen Sie den Buchweizen ab, und mixen Sie ihn mit dem Flohsamenschalen-Gel. Als Nächstes mixen Sie die Bananen mit den Äpfeln und verarbeiten alle Zutaten zu einem glatten Teig. Verteilen Sie den Teig locker auf zwei Paraflexxbögen des Lebensmitteltrockners, und zerteilen Sie ihn ähnlich wie einen Kaiserschmarrn. Lassen Sie das Ganze 2–4 Stunden trocknen, sodass die Masse oben etwas fester und unten noch leicht cremig ist. Richten Sie den Weihnachtsschmarrn auf einer hübschen Platte an, und bestäuben Sie ihn ordentlich mit fein gemahlenem Xylit und Zimt. Dazu passt hervorragend ein frisches Zimt-Apfel-Mus, das Sie aus 2 entkernten Äpfeln und ½ TL Zimt mixen. Für die Cashew-Vanille-Soße weichen Sie 100 g Cashewkerne ca. 6 Stunden ein. Nach dem Abgießen mixen Sie sie mit 200 ml Wasser, 100 ml Orangensaft und 1 TL Vanillepulver.

Weihnachtliche Rosinenbrötchen

- 200 g geschälter Buchweizen
- 200 ml Wasser
- 100 g gemahlene Erdmandeln
- 100 g Flohsamenschalen
- je 50 g dunkle Rosinen und grüne Rosinen
- 1 TL Zimt
- je ½ TL gemahlener Anis, Fenchelsamen und Kümmel
- 1 Prise Natursalz

ZUBEREITUNG Weichen Sie den Buchweizen über Nacht ein, spülen Sie ihn ab, und mixen Sie ihn zusammen mit dem Wasser. Geben Sie die Masse, die Erdmandeln und die Flohsamenschalen in eine Schüssel. Mischen Sie daraus einen gut formbaren Teig, er sollte sich wie ein lockerer Hefeteig anfühlen. Geben Sie die Gewürze hinein, kneten Sie den Teig noch einmal gut durch, und arbeiten Sie die Rosinen leicht ein. Formen Sie kleine Brötchen, und geben Sie sie ca. 4 Stunden bei maximal 42°C in den Lebensmitteltrockner. Wenden Sie die Brötchen, und trocknen Sie sie weitere 3–4 Stunden. Sie können sie vor dem Wenden auch halbieren.

TIPP: Die Gewürze können individuell gewählt und gemischt werden. Sie können statt Rosinen auch gehackte Trockenfrüchte verwenden. Wenn Ihnen die Brötchen nicht süß genug sind, bepinseln Sie sie mit verdünntem Dattelmus. Lassen Sie sie dann noch einmal trocknen, bis die süße Schicht ebenfalls angetrocknet ist.

PLÄTZCHEN und mehr

Cashew-Erdbeer-Häubchen

* 300 g Cashewkerne
* 100 g Dattelmus
* 50 g geschmolzene Kakaobutter
* 100 g gemahlene getrocknete Erdbeeren

ZUBEREITUNG Lassen Sie die Cashewkerne über Nacht oder mindestens 6 Stunden einweichen, und mixen Sie sie nach dem Abgießen. Geben Sie alle Zutaten dazu, und mixen Sie eine glatte Masse daraus. Füllen Sie die Masse in einen Spritzbeutel mit großer Sterntülle, und spritzen Sie gleichmäßige Häubchen auf einen großen flachen Teller oder eine andere glatte Unterlage. Stellen Sie das Ganze mehrere Stunden in den Kühlschrank, bis die Häubchen fest sind.

TIPP: Wenn Sie das Ganze lieber weniger soft und in getrockneter Form wünschen, lassen Sie die Kakaobutter weg, und spritzen Sie die Masse auf den Paraflexxbogen des Lebensmitteltrockners. Lassen Sie die Häubchen 6–8 Stunden trocknen.

VARIANTE: Nehmen Sie statt der getrockneten Erdbeeren 1 EL abgeriebene Zitronenschale und 2 EL Baobab-Fruchtpulver, dann erhalten die Häubchen eine tolle zitronig-frische Note.

Buchweizen-Apfel-Zimt-Taler

- 300 g Buchweizen
- 100 g entkernte Datteln
- 100 g Trockenäpfel
- 1 frischer Apfel
- je 1 EL Kokosmehl und Zimt
- 1 Prise Natursalz

ZUBEREITUNG Weichen Sie 150 g Buchweizen etwa 6 Stunden in Wasser ein, und spülen Sie ihn danach ab. Mahlen Sie 150 g Buchweizen fein. Weichen Sie die Datteln 2–3 Stunden in Wasser ein. Mixen Sie sie dann mit ca. 100 ml Einweichwasser zu Mus. Verfahren Sie mit den Trockenäpfeln genauso. Entkernen Sie den frischen Apfel, und mixen Sie ihn mit Salz und Zimt. Verarbeiten Sie alle Zutaten von Hand oder in der Küchenmaschine zu einem glatten Teig. Die Konsistenz können Sie durch etwas mehr oder weniger Wasser, Nussmehl oder Kokosmehl beeinflussen. Geben Sie den Teig talerförmig mit einem Löffel auf einen Paraflexxbogen. Trocknen Sie die Taler bei maximal 42°C 4–8 Stunden von jeder Seite.

TIPP: Diese hellen Taler können Sie mit der Unterseite in eine Schokoladenglasur tauchen und kurz kühl stellen, damit die Schokolade fest wird.

Haselnuss-Orangen-Plätzchen

- 150 g Haselnüsse
- 150 g gemahlene Haselnüsse
- 100 g entkernte Datteln
- Saft von 1 Orange
- 1 EL Kokosmehl
- je 1 EL abgeriebene Orangenschale und gehackte getrocknetes Orangenfilet
- 1 Prise Natursalz
- evtl. 1–2 Tropfen Orangenöl

ZUBEREITUNG Lassen Sie die Haselnüsse und Datteln separat über Nacht einweichen. Gießen Sie die Haselnüsse ab, und mixen Sie sie. Mixen Sie die Datteln. Geben Sie alle Zutaten in die Küchenmaschine, oder kneten Sie von Hand einen glatten Teig. Die Konsistenz können Sie durch etwas mehr oder weniger Wasser, gemahlene Haselnüsse oder Kokosmehl beeinflussen. Geben Sie einen kleinen Löffel voll von der Plätzchenmasse auf einen Paraflexxbogen, und formen Sie runde Plätzchen. Trocknen Sie die Plätzchen bei maximal 42°C 4–8 Stunden von jeder Seite.

TIPP: Geben Sie ein paar Kakaonibs in den Teig oder auf die Plätzchen. Rohkakao, Haselnüsse und Orangen passen wunderbar zusammen!

Mandel-Kokos-Kipferl

- 200 g gemahlene Mandeln
- 150 g Dattelmus
- 100 g Mandeln
- 50 g gemahlene Kokosraspel
- 1 EL Kokosmehl

ZUBEREITUNG Weichen Sie die Mandeln über Nacht in Wasser ein, und mixen Sie sie nach dem Abgießen. Geben Sie etwas Wasser und das Dattelmus dazu, und mixen Sie daraus eine glatte Masse. Geben Sie die gemahlenen Mandeln, das Kokosmehl und die Kokosraspel hinzu, und verarbeiten Sie alles zu einem gleichmäßigen Teig. Nehmen Sie kleine Stücke vom Teig ab, und formen Sie Kipferl daraus. Sie können sie einfach so servieren oder in gemahlenen Kokosraspeln wälzen.

TIPP: Zum Haltbarmachen trocknen Sie die Kipferl 4–8 Stunden von jeder Seite im Lebensmitteltrockner oder so lange, bis sie die gewünschte Konsistenz haben. Diese Kipferl schmecken sowohl frisch als auch getrocknet hervorragend und sind getrocknet ein ideales Mitbringsel, z. B. für eine Weihnachtsfeier.
Für eine cremige und besonders leckere Variante, die Sie noch am selben Tag servieren möchten, verarbeiten Sie zusätzlich 30 g geschmolzene Kakaobutter im Teig, formen die Kipferl und stellen sie noch ein paar Stunden kühl.

Pistazien-Orangen-Kipferl

- 250 g gemahlene Pistazien
- 150 g Dattelpaste
- Saft von ½ Orange
- 1 EL Kokosmehl
- 1 TL abgeriebene Orangenschale
- 1 Prise Natursalz

ZUBEREITUNG Geben Sie alle Zutaten in eine Küchenmaschine mit S-Messer, und verarbeiten Sie alles zu einem gleichmäßigen Teig. Nehmen Sie kleine Stücke vom Teig ab, und formen Sie Kipferl daraus. Sie können sie einfach so servieren oder in einer Mischung aus 20 g grob gemahlenen Pistazien, 1 Prise Natursalz und etwas getrocknetem Orangenabrieb wälzen.

TIPP: Auch dieser Kipferlteig eignet sich hervorragend zum Trocknen. Trocknen Sie die Kipferl 4–8 Stunden von jeder Seite im Lebensmitteltrockner, dann sind sie einige Tage bis Wochen haltbar. Wenn Sie im Teig noch 30 g geschmolzene Kakaobutter verarbeiten, werden die frischen Kipferl besonders cremig und erhalten eine leichte Karamellnote. Kipferl mit Kakaobutter sollten immer frisch serviert werden.

Vanille-Kipferl

* 150 g Mandeln
* 150 g fein gemahlene Mandeln
* 100 g Dattelpaste
* 50 g Kokosmehl
* 30 g geschmolzene Kakaobutter
* 1 TL Vanille

ZUBEREITUNG Weichen Sie die ganzen Mandeln über Nacht in Wasser ein, und mixen Sie sie nach dem Abgießen mit etwas Wasser. Verarbeiten Sie sie mit den anderen Zutaten von Hand, im Mixer oder in der Küchenmaschine zu einem gleichmäßigen Teig. Nehmen Sie kleine Stücke vom Teig ab, und formen Sie Kipferl daraus. Wälzen Sie die Kipferl in einer Mischung aus ½ TL gemahlener Vanille und 1 EL fein gemahlenem Xylit. Sie können die Kipferl auch nur damit bestreuen.

Zitronen-Kipferl

- 150 g Mandeln
- 150 g gemahlene Mandeln
- 100 g Dattelpaste
- 50 g Kokosmehl
- 30 g geschmolzene Kakaobutter
- Saft von 2–3 Zitronen
- 1 EL abgeriebene Zitronenschale

ZUBEREITUNG Weichen Sie die Mandeln über Nacht in Wasser ein, und mixen Sie sie nach dem Abgießen mit dem Zitronensaft. Verarbeiten Sie sie mit den anderen Zutaten von Hand, im Mixer oder in der Küchenmaschine zu einem gleichmäßigen Teig. Nehmen Sie kleine Stücke vom Teig ab, und formen Sie Kipferl daraus. Lassen Sie 1 EL abgeriebene Zitronenschale zusammen mit etwas frisch gepresstem Zitronensaft auf einem Paraflexxbogen im Lebensmitteltrockner komplett trocknen. Mischen Sie den Abrieb mit 1 EL fein gemahlenem Xylit. Sie können die Kipferl in dieser Mischung wälzen oder sie auf einer Seite damit bestreuen.

Wenn Sie bei den Kiperl statt der Mandeln Erdmandeln verwenden, erhalten Sie nussfreie Kipferl!

Kokos-Kristallsterne

- 200 g feine Kokosraspel
- 100 g Kokosmus
- 50 g Kokosöl
- 50 g Dattelmus
- 50 g Kokosmehl

ZUBEREITUNG Mixen Sie alle Zutaten außer die Kokosraspel, dann heben Sie die Kokosraspel unter. Streuen Sie ein paar gemahlene Kokosraspel in eine Stern-Silikonform, füllen Sie die Masse in die Form, und streuen Sie noch ein paar gemahlene Kokosraspel darüber. Stellen Sie die Form ca. 30 Minuten ins Eisfach oder 2–4 Stunden in den Kühlschrank. Kokos-Kristallsterne müssen unbedingt kühl aufbewahrt werden.

TIPP: Kokos-Kristallsterne sehen aus, als wären sie aus Schnee geformt – weiß und wunderschön. Ein echter Hingucker und ein unbeschreiblich intensives Kokoserlebnis!

Marmorplätzchen

Für den hellen Teig: 200 g Mandeln ⋆ 80 g Dattelmus ⋆ 60 g Kokosmehl ⋆ 20 g weißes Mandelmus ⋆ Saft von 1 Zitrone ⋆ 1 Prise Natursalz

Für den dunklen Teig: 200 g Mandeln ⋆ 80 g Dattelmus ⋆ 40 g Kokosmehl ⋆ je 20 g Kakaopulver und Carobpulver ⋆ 20 g weißes Mandelmus ⋆ 1 Prise Natursalz

ZUBEREITUNG Weichen Sie die Mandeln für die Teige über Nacht in Wasser ein, und mixen Sie sie nach dem Abgießen. Kneten Sie aus den Zutaten in der Küchenmaschine oder von Hand einen hellen und einen dunklen glatten Teig. Fügen Sie abwechselnd die beiden Teige zusammen, und kneten Sie diese ganz sanft, damit die zwei Farbkomponenten erhalten bleiben und eine hübsche Marmorstruktur entsteht. Formen Sie eine Rolle oder einen Balken, am besten mithilfe von Frischhaltefolie. Stellen Sie den Teig 2–3 Stunden in den Kühlschrank, und schneiden Sie ihn in ca. 1 cm dicke Plätzchen. Sie können den Teig auch vorsichtig ausrollen und Plätzchen ausstechen. Diese Plätzchen sind frisch serviert ein leckerer und zarter Genuss. Bei frischen Plätzchen bekommt der Teig mehr Halt, wenn Sie noch etwa 30 g geschmolzene Kakaobutter hineingeben und die Plätzchen dann 2–3 Stunden kühl stellen. Sie können aber auch im Lebensmitteltrockner so lange getrocknet werden, bis sie die für Sie optimale Konsistenz haben. Einige Tage bis Wochen sind sie nur dann haltbar, wenn sie komplett durchgetrocknet sind.

Moringa-Erdmandel-Sterne

- 200 g gemahlene Erdmandeln
- 200 g Dattelmus
- 100 g geschmolzene Kakaobutter
- 30 g gemahlene Moringablätter

ZUBEREITUNG Vermischen Sie alle Zutaten miteinander, und formen Sie eine 3–5 cm dicke Rolle. Legen Sie sie 1–2 Stunden in den Kühlschrank. Anschließend schneiden Sie ca. 1 cm dicke Scheiben ab, und schon sind die Taler fertig. Für Sterne rollen Sie den Teig auf der Arbeitsplatte aus und stechen Sterne aus. Glasieren Sie sie mit einer Mischung aus 30 g geschmolzener Kakaobutter, jeweils 1 EL Moringapulver und gemahlenem Xylit und 1 TL Mesquitepulver. Bewahren Sie die Plätzchen kühl auf.

TIPP: Dies ist ein sehr einfaches, schnelles und nussfreies Rezept und ein super Pausensnack, nicht nur zu Weihnachten! Wer es noch weihnachtlicher mag, gibt einfach weihnachtliche Gewürze zum Teig.

Nuss-Apfel-Zimt-Taler

- 150 g Nüsse Ihrer Wahl
- 150 g gemahlene Nüsse Ihrer Wahl
- 100 g entkernte Datteln
- 100 g Trockenäpfel
- 1 frischer Apfel
- 1 EL Kokosmehl
- 1 Prise Natursalz
- 1–2 EL Zimt

ZUBEREITUNG Lassen Sie die Haselnüsse, Trockenäpfel und Datteln über Nacht einweichen. Gießen Sie die Haselnüsse ab, und mixen Sie sie. Mixen Sie die eingeweichten Datteln und Trockenäpfel. Entkernen Sie den frischen Apfel. Geben Sie alle Zutaten in die Küchenmaschine, und stellen Sie einen glatten Teig her. Die Konsistenz können Sie durch etwas mehr oder weniger Wasser, Nussmehl oder Kokosmehl beeinflussen. Geben Sie runde Teigklecks auf einen Paraflexxbogen. Trocknen Sie die Taler bei maximal 42°C 4–8 Stunden von jeder Seite.

TIPP: Als Glasur können Sie Folgendes verwenden: Verrühren Sie 1 EL Kokosöl, 1 EL rohen Apfeldicksaft oder gemahlenen Xylit, 1 TL Zimt gut miteinander. Bepinseln Sie die Taler, und stellen Sie sie kühl, bis die Glasur fest ist. Sie können die Taler auch pur belassen oder einfach nur mit Carob- oder Kakaopulver bepudern.

Nuss-Frucht-Figuren

- je 250 g Trockenfrüchte und Nüsse Ihrer Wahl
- 25–30 g Gewürze oder Superfoods

ZUBEREITUNG Geben Sie die Nüsse und Trockenfrüchte in eine Küchenmaschine mit S-Messer, einen Fleischwolf oder einen Entsafter mit Mahlaufsatz, und verarbeiten Sie alles zu einem schönen, glatten Teig. Durch Kakao-, Carob-, Maca-, Lucuma- oder Mesquitepulver, Baobab-Fruchtpulver, Vanille, Zimt, Kardamom oder Chili können Sie den Geschmack immer wieder variieren. Rollen Sie den Teig 0,5–1 cm dick aus, und stechen Sie mit Weihnachtsförmchen oder anderen Formen verschiedene Motive aus. Verzieren Sie sie nach Lust und Laune. Sie können die Nuss-Frucht-Figuren im Lebensmitteltrockner pro Seite 4–6 Stunden trocknen oder kühlen und direkt servieren. Beide Varianten sind superlecker.

TIPP: Dieses Grundrezept können Sie für unterschiedliche Nuss-Frucht-Teige verwenden. Sie lassen sich sehr gut formen und je nach Zutaten erhalten Sie jede gewünschte Geschmacksrichtung.

Orangen-Monde

* 200 g Mandeln * 150 g entkernte Datteln
* 100 ml Orangensaft
* je 50 g Cashewkerne und grüne Pistazien
* 50 g geschmolzene Kakaobutter
* 1 EL Kokosmehl * 1 EL abgeriebene Orangenschale * 1 TL gemahlener Kurkuma
* 1–2 Tropfen Orangenöl
* 1 Prise Natursalz

ZUBEREITUNG Mahlen Sie die Mandeln, Cashewkerne und Pistazien in der Küchenmaschine sehr fein. Ob Sie frische Nüsse oder aktivierte Nüsse verwenden, bleibt Ihnen überlassen. Geben Sie nach und nach alle anderen Zutaten mit dazu, und verarbeiten Sie alles zu einem gleichmäßigen Teig. Rollen Sie den Teig ca. 1 cm dick aus, und stechen Sie Monde aus. Lassen Sie die Monde 2–3 Stunden im Kühlschrank, und überziehen Sie sie danach mit einer Glasur. Diese Plätzchen sind gekühlt 2–3 Tage haltbar.

VARIANTE: Wenn Sie die Monde trocknen wollen, lassen Sie einfach die Kakaobutter weg. Trocknen Sie die ausgestochenen Monde bei maximal 42°C ca. 5 Stunden pro Seite im Lebensmitteltrockner. Als Garnitur eignen sich auch hier eine helle Glasur und z. B. gehackte Pistazien.

Würzig-fruchtige Weihnachtsplätzchen

Für den Plätzchenteig: ⋆ 300 g gemahlene Mandeln ⋆ je 100 g geschrotete goldene Leinsamen und eingeweichte Haselnüsse ⋆ je 100 g Dattelmus und Mus von grünen Rosinen ⋆ 100 ml Orangensaft ⋆ 50 g eingeweichte Sonnenblumenkerne ⋆ 2 EL abgeriebene Orangenschale ⋆ je 1 EL Kardamom, Zimt und Baobab-Fruchtpulver ⋆ 2 Tropfen Orangenöl ⋆ 1 Prise Himalayasalz

ZUBEREITUNG Geben Sie die gemahlenen Mandeln und geschroteten Leinsamen in eine große Schüssel. Mixen Sie die eingeweichten Sonnenblumenkerne und Haselnüsse mit dem Orangensaft. Geben Sie die gemixten Nüsse und alle anderen Zutaten zu den Mandeln und Leinsamen, und kneten Sie den Teig so lange, bis er eine glatte Konsistenz zeigt. Rollen Sie den Teig etwa 1,5 cm dick aus, damit Sie mit kleinen Förmchen Plätzchen ausstechen können. Legen Sie die Plätzchen auf die Paraflexxbögen des Lebensmitteltrockners, und lassen Sie sie bei maximal 42°C 8–10 Stunden trocknen. Wenn Sie die Plätzchen nicht glasieren wollen, raspeln Sie einfach etwas rohe Schokolade darüber.

Für die Glasur: ⋆ 100 g Kakaobutter (alternativ Kokosmus oder Kokosöl) ⋆ 1 TL abgeriebene Orangenschale ⋆ 1 TL Baobab-Fruchtpulver ⋆ 2 Tropfen Orangenöl

---

Schmelzen Sie die Kakaobutter, geben Sie die restlichen Zutaten dazu, und verrühren Sie alles gut. Tauchen Sie die Plätzchen hinein, oder bestreichen Sie sie mit der Glasur. Frisch glasiert müssen die Plätzchen zum Aushärten in den Kühlschrank. Wer etwas Crunch obendrauf mag, kann auch zerhackte Nüsse auf die noch flüssige Glasur geben.

TIPP: Für Zitronenplätzchen verwenden Sie Zitronenabrieb, Zitronensaft und Zitronenöl. Wenn Sie die Plätzchen etwas schokoladiger haben möchten, geben Sie 2 EL Kakaopulver oder Carobpulver in den Teig.

Zimtsterne

- je 150 g entkernte Datteln und getrocknete Apfelstücke
- je 150 g gemahlene Mandeln und Haselnüsse
- 2 EL Zitronensaft
- 2 EL Zimt
- 1 EL Kokosmehl
- 1 TL gemahlener Sternanis
- 1 TL getrockneter und gemahlener Zitronenabrieb

ZUBEREITUNG DES FRISCHEN TEIGS Verarbeiten Sie alle Zutaten zu einem gut knetbaren Teig. Rollen Sie den Teig mindestens 1 cm dick aus, und stechen Sie Sterne aus. Rühren Sie für die Glasur 2 EL Kokosöl, 1 TL abgeriebene Zitronenschale, 1 TL gemahlenen Xylit und 1 Prise Zimt glatt, und bestreichen Sie die Zimtsterne mit der Glasur. Stellen Sie sie bis zum Servieren kühl.

ZUBEREITUNG DER GETROCKNETEN VARIANTE

Verarbeiten Sie alle Zutaten zu einem gut knetbaren Teig. Rollen Sie den Teig mindestens 1 cm dick aus, und stechen Sie Sterne aus. Trocknen Sie sie im Lebensmitteltrockner von jeder Seite 4–8 Stunden. Rühren Sie 2 EL geschmolzene Kakaobutter, 1 TL abgeriebene Zitronenschale und 1 TL gemahlenen Xylit miteinander glatt. Pinseln Sie die getrockneten Sterne ein, stellen Sie sie kurz in den Kühlschrank, bis die Glasur fest ist.

Zimt-Chili-Plätzchen

- 300 g Cashewkerne
- 200 g Äpfel
- 100 g geschälter Buchweizen
- 50 g Dattelmus
- 1 EL Zimt
- 1 TL Chilipulver

ZUBEREITUNG Weichen Sie die Cashewkerne und den Buchweizen getrennt voneinander ca. 6 Stunden oder über Nacht in Wasser ein. Mixen Sie die Cashewkerne und die Äpfel, und geben Sie dann den gekeimten Buchweizen, den Zimt, das Chilipulver und das Dattelmus dazu. Stellen Sie einen gleichmäßigen Teig her, und verteilen Sie ihn portionsweise mit einem kleinen Löffel auf den Paraflexxbogen des Lebensmitteltrockners. Trocknen Sie die Plätzchen von beiden Seiten ca. 6 Stunden, und bewahren Sie sie anschließend kühl und trocken auf.

VARIANTE: Sie können in den Teig auch noch kleine Stücke getrockneter Äpfel hineingeben und die Plätzchen glasieren und mit etwas Chilipulver verzieren.

Zitronen-Ingwer-Plätzchen

- 300 g gemixte Bananen
- 200 g gemahlene Mandeln
- 100 g Kokosmehl
- Saft von 2–3 Zitronen
- 1 EL Baobab-Fruchtpulver
- Abrieb von 1 Zitrone
- 1 TL fein gemahlener Ingwer

ZUBEREITUNG Mixen Sie alle Zutaten, und variieren Sie die Konsistenz durch Zitronensaft oder gemahlene Mandeln bzw. Kokosmehl. Formen Sie einen glatten Teig, und lassen Sie ihn 1–2 Stunden kühl ruhen. Rollen Sie ihn wie einen Mürbeteig aus, und stechen Sie Plätzchen aus. Die Zitronen-Ingwer-Plätzchen können frisch verzehrt werden, wobei sie nur 1–3 Tage haltbar sind. Möchten Sie sie haltbar machen, lassen Sie sie ca. 6 Stunden pro Seite im Dehydrator trocknen. Mit einer Glasur, z. B. aus 1 EL Kokosöl oder geschmolzener Kakaobutter, 2 Tropfen Zitronenöl und jeweils 1 TL gemahlenem Xylit und Baobab-Fruchtpulver, schmecken die Plätzchen auch sehr lecker, müssen aber gekühlt gelagert werden.

SCHOKOLADE und KONFEKT

Carob-Sauerkirsch-Barren

- je 100 g Mandeln, Haselnüsse, Paranüsse und entkernte Datteln
- je 75 g Sultaninen und getrocknete Sauerkirschen
- Carobpulver zum Wälzen

ZUBEREITUNG Geben Sie alle Zutaten in eine Küchenmaschine mit S-Messer, und verarbeiten Sie alles zu einem schönen, pappigen Teig, aus dem sich wunderbar Barren, Kugeln oder Würfel formen lassen. Sie können auch einen Fleischwolf oder eine Saftpresse mit Teigaufsatz verwenden, dann wird der Teig allerdings etwas dichter. Wälzen Sie die Barren, Kugeln oder Würfel in etwas Carobpulver. Sie können sie auch glasieren, indem Sie 1 TL Carobpulver in 30 g geschmolzener Kakaobutter einrühren, die Kugeln eintauchen und dann kühl stellen.

VARIANTE: Wenn Sie keine Nüsse vertragen, bereiten Sie die Kugeln nussfrei zu. Verwenden Sie einfach 250 g Erdmandeln statt der Nüsse. Der Rest bleibt gleich.

Dattel-Kokos-Würfel

* 250 g entkernte Datteln
* 150 g Kokosraspel
* 100 g Kokosmus

ZUBEREITUNG Kokosraspel fein mahlen. Alle Zutaten in der Küchenmaschine zu einem glatten Teig verarbeiten. Sie können auch die Datteln mixen und die restlichen Zutaten von Hand einarbeiten. Beides liefert wunderbare Ergebnisse. Formen Sie einen langen Balken aus dem Teig, am besten mithilfe von Frischhaltefolie und zwei Linealen. Stellen Sie den Balken kühl, bis der Teig schön fest ist. Formen Sie Würfel, und wälzen Sie sie in fein gemahlenen oder groben Kokosraspeln. Sie können auch Kugeln oder Nuggets formen oder den Teig ausrollen und weihnachtliche Formen ausstechen und fest werden lassen.

Espresso-Marzipan-Konfekt

Dieses Rezept ist nur für Menschen gedacht, die das Aroma und die Wirkung von Espresso lieben. Alle, die keine Genussgifte, geröstete oder anregende Pflanzenteile verwenden, lassen den Espresso weg und geben stattdessen mehr Carobpulver dazu.

* je 150 g weißes Mandelmus und Dattelmus * 150 g gemahlene Mandeln * 50 g Haselnussmus * 50g geschmolzene Kakaobutter * 1 EL Carobpulver * 1–2 TL Espressopulver * 1 Prise Himalayasalz * 1 Msp. Vanille

ZUBEREITUNG Geben Sie alle Zutaten in eine Schüssel, und kneten Sie den Teig so lange durch, bis sich eine glatte, marzipanartige und gut formbare Masse ergibt. Formen Sie Kugeln daraus oder eine Rolle, die Sie in gleichmäßige Stücke schneiden. Als Glasur empfehle ich Ihnen eine Mischung aus 50 g geschmolzener Kakaobutter, 1 EL Kakaopulver, 1 TL getrockneter abgeriebener Orangenschale, 1 TL Xylit und 1 Prise Vanillepulver. Mixen Sie alles gut zusammen, und tauchen Sie die Kugeln von einer oder von beiden Seiten hinein. Wer mag, kann jetzt noch Deko aufstreuen, z. B. gehackte Nüsse oder Samen oder besonders festlich etwas Goldstaub. Stellen Sie das Konfekt danach sofort in den Kühlschrank, und lassen Sie es fest werden.

TIPP: Dieses wunderbare Konfekt ist ein schönes Mitbringsel für Erwachsene, z. B. in einem Beutel gemischt mit anderen außergewöhnlichen Konfektkugeln.
Variieren Sie das Rezept mit Cashewmus statt Haselnussmus. Wenn Sie Matchapulver nehmen statt Espresso, erhalten Sie tolles Matcha-Konfekt. Ebenso können Sie auch Macapulver oder Guaranapulver verwenden. Anstatt einer Glasur wälzen Sie die Kugeln in gemahlenem Xylit oder Kokosmehl. Oder Sie formen kleine Würfel und bestäuben diese mit Kakaopulver. Auch pur mit einer Pistazie obendrauf ist das Konfekt sehr lecker. Sie sehen, wie wandelbar ein Rezept sein kann. Lassen Sie einfach Ihren Gaumen entscheiden.

Dunkle Goldnuggets

- je 100 g Rosinen und entkernte Datteln
- 75 g Mandeln
- 75 g getrocknete Sauerkirschen
- je 50 g Cashewkerne, Haselnüsse, Paranüsse und geschälte Hanfsamen
- 25 g Walnüsse
- 25 g getrocknete Waldbeeren
- je 1 EL Carobpulver und Kakaopulver
- 1 TL Espressopulver oder Macapulver

ZUBEREITUNG Geben Sie alle Zutaten in eine Küchenmaschine mit einem S-Messer oder in einen Mixer oder Blender mit Mahlaufsatz. Besonders feine Teige erhalten Sie mit einer Saftpresse, wenn Sie die speziellen Aufsätze für Teige, Eiscreme usw. verwenden. Stellen Sie einen groben oder feinen Teig her. Formen Sie längliche Nuggets. Der Teig ist ziemlich fettig, da das Fett aus den Nüssen austritt. Kneten Sie die Nuggets lange in der Hand. Am besten drücken Sie sie zum Schluss noch etwas zusammen, damit sie nicht ganz so ebenmäßig aussehen, sondern eher etwas rustikal. Wälzen Sie die Nuggets in Carobpulver, und stellen Sie sie kühl. Besonders festlich sehen die Nuggets aus, wenn Sie etwas essbaren Goldstaub oder Goldglitter darüberstreuen.

VARIANTE: Für eine pikante Variante ersetzen Sie die Waldbeeren und Sauerkirschen mit 75 g nicht zu hart getrocknete Tomaten und 25 g getrockneten Paprika. Wälzen Sie diese Nuggets in Paprikapulver.

Helle Goldnuggets

★ je 100 g grüne Rosinen und entkernte Datteln ★ 100 g getrocknete, zerkleinerte Ananas ★ 100 g Mandeln ★ je 75 g Haselnüsse und Paranüsse ★ je 50 g Cashewkerne und geschälte Hanfsamen ★ 50 g getrocknete Physalis ★ 25 g Walnusskerne ★ 1 EL Baobab-Fruchtpulver ★ je 1 TL abgeriebene Orangen- und Zitronenschale

ZUBEREITUNG Geben Sie alle Zutaten in eine Küchenmaschine mit einem S-Messer oder in einen Mixer oder Blender mit Mahlaufsatz, und stellen Sie einen groben oder feinen Teig her. Formen Sie längliche Nuggets. Kneten Sie sie lange in der Hand. Am besten drücken Sie sie zum Schluss noch etwas zusammen, damit sie etwas rustikal aussehen. Wälzen Sie sie in einer Mischung aus Baobab-Fruchtpulver und abgeriebener Zitronenschale, und stellen Sie sie kühl. Streuen Sie am besten noch etwas essbaren Goldstaub oder Goldglitter darüber.

Grüne Weihnachtspralinen

* 150 g geschmolzene Kakaobutter
* 100 g gemahlene Pistazien oder Pistazienmus
* 2 EL gemahlener Xylit oder Dattelmus
* 1 EL Matchapulver oder ein anderes Grünpulver (z. B. Brennnessel, Chlorophyll)
* je 1 TL Sonnenblumenlezithin und Baobab-Fruchtpulver

ZUBEREITUNG Mixen Sie alle Zutaten fein, und gießen Sie die Masse in kleine Silikonförmchen. Stellen Sie das Konfekt zum Festwerden ins Eisfach. Nachdem Sie die Pralinen aus den Förmchen gelöst haben, verpacken Sie sie vorsichtig und stellen sie kühl, oder servieren Sie sie gekühlt.

Haselnuss-Waldbeer-Kugeln

- 150 g Dattelmus
- 150 g getrocknete Waldbeeren
- 100 g gemahlene Haselnüsse
- 100 g Rosinen
- ½ Tasse getrocknete Waldbeeren für etwa 2 EL Waldbeerpulver

ZUBEREITUNG Mixen Sie alle Zutaten außer den getrockneten Waldbeeren in der Küchenmaschine zu einer gut formbaren Masse, und formen Sie Kugeln oder Würfel daraus. Mahlen Sie die getrockneten Waldbeeren im Blender zu einem groben Pulver, in dem Sie dann die Kugeln oder Würfel wälzen.

Kakaobutter-Konfekt

- 200 g geschmolzene Kakaobutter
- je 50 g weißes Mandelmus und Cashewmus
- 20–30 g fein gemahlener Xylit (alternativ: Kokosblütenzucker oder Dattelmus)
- je 1 EL Baobab-Fruchtpulver und Mesquitepulver
- 1 TL getrockneter und gemahlener Zitronenabrieb
- ½ TL Vanille
- 1 Prise Himalayasalz

ZUBEREITUNG Mixen Sie die geschmolzene Kakaobutter mit allen anderen Zutaten, und gießen Sie die Masse in kleine Silikonförmchen. Lassen Sie die Pralinen im Kühlschrank oder Eisfach fest werden. Nehmen Sie das Konfekt aus der Form heraus, und setzen Sie es auf einem hübschen Teller nebeneinander.

TIPP: Dieses Konfekt lässt sich in verschiedenen Geschmacksrichtungen zubereiten, z. B. mit Zimt oder Kardamom, Zitronen- oder Orangenöl oder Abrieb der Zitrusfrüchte, mit klein gehackten Goji-Beeren oder Kakaonibs. Probieren Sie ein paar Varianten aus.
Sie können die Masse auch in Formen von Schokoladentäfelchen geben. Wer es besonders kreativ mag, kann sein Konfekt auch zweifarbig gestalten. Diese Kreationen eignen sich hervorragend als Dekoration für Weihnachtstorten oder Desserts.

Kardamom-Schoko-Pralinen

- 200 g Kakaobutter
- 2 EL Kakaopulver
- 2 EL Dattelmus (alternativ Kokosblütensirup, 1 EL Kokosblütenzucker oder 1 EL gemahlener Xylit
- 1 EL Mandelmus
- 2 TL fein gemahlener Kardamom
- je 1 TL Sonnenblumenlezithin und Baobab-Fruchtpulver

ZUBEREITUNG Lassen Sie die Kakaobutter im Wasserbad oder im Lebensmitteltrockner schmelzen. Geben Sie alle anderen Zutaten dazu, und mixen Sie alles gut. Gießen Sie die Masse in Schokoförmchen oder Pralinenförmchen, und stellen Sie sie so lange kühl, bis die Schokolade fest geworden ist. Die Pralinen können Sie nach Herzenslust dekorieren, z. B. mit flüssiger Schokomasse überziehen und Nussbruch oder Gold bestreuen.

TIPP: Diese wundervoll verzierten Weihnachtspralinen sind ein super Geschenk oder Mitbringsel. Sie müssen sie nur noch hübsch verpacken und kühl lagern.

Kokosnuggets

- 150 g Kokosmus
- je 100 g feine und grobe Kokosraspel
- 100 g Dattelpaste
- 50 g Kokosöl
- 1 EL Baobab-Fruchtpulver

ZUBEREITUNG Bereiten Sie den Teig zu, indem Sie alle Zutaten in der Küchenmaschine mit S-Messer oder von Hand verarbeiten. Formen Sie aus dem Teig kleine Nuggets, und wälzen Sie sie in feinen Kokosraspeln. Stellen Sie sie bis zum Verzehr kühl.

Marzipan-Zimt-Kugeln

- je 200 g Mandeln und entkernte Datteln
- 200 g weißes Mandelmus
- 1 EL Zimt
- Zimt zum Wälzen

ZUBEREITUNG Mahlen Sie die Mandeln fein. Weichen Sie die Datteln 2–3 Stunden in Wasser ein, und mixen Sie sie ohne das Einweichwasser zu Dattelmus. Geben Sie den Zimt dazu, und verarbeiten Sie alles zu einem schönen, glatten Marzipan. Formen Sie kleine Kugeln, und wälzen Sie sie in Zimt. Für jeden, der Marzipankartoffeln liebt, ist dies ein tolles Mitbringsel.

VARIANTE: Wälzen Sie die Kugel auch in Baobab-Fruchtpulver oder in pulverisierten Waldbeeren.

Roh-vegane Mozartkugeln

Nougatmasse: ⋆ je 100 g Mandelmus und Dattelmus ⋆ 2 EL Kakaopulver (alternativ Carobpulver)

Pistazienmasse: ⋆ 70 g grüne Pistazien ⋆ je 50 g Mandelmus und Dattelmus ⋆ 30 g Mandeln ⋆ etwas geriebene Limonenschale

---

Marzipanmasse: ⋆ je 100 g Mandelmus und Dattelmus ⋆ 1 EL Mesquitepulver

ZUBEREITUNG Mischen Sie alle Zutaten für den Nougat, und kneten Sie sie zu einer Nougatmasse. Mahlen Sie für die Pistazienmasse die Pistazien und Mandeln sehr fein. Geben Sie das Mandelmus, das Dattelmus und die Limonenschale dazu, und kneten Sie alles zu einem feinen Teig. Kneten Sie alle Zutaten für das Marzipan zu einer Masse.

Formen Sie zuerst aus der Nougatmasse Kugeln, dann aus der Pistazienmasse flache Scheiben, die sich gut um die Kugeln herumlegen lassen. Dasselbe tun Sie mit der hellen Marzipanmasse. Danach glätten Sie die Kugeln, wälzen sie in Kakaopulver oder in Carobpulver und stellen sie für ca. 1 Stunde in den Kühlschrank. Schon sind die roh-veganen Mozartkugeln servierfertig!

Schoko-Kokos-Würfel

- 250 g entkernte Datteln
- je 100 g gemahlene Mandeln und Kokosraspel
- 20 g Kakaopulver
- je 20 g Kokosmus und Kakaobutter

ZUBEREITUNG Lassen Sie das Kokosmus und die Kakaobutter im Wasserbad oder im Lebensmitteltrockner bei ca. 40°C schmelzen. Geben Sie alle Zutaten in eine Schüssel, und kneten Sie sie zu einem Teig. Stellen Sie den Teig ca. 1 Stunde kühl. Dann formen Sie kleine Würfel daraus, und wälzen Sie sie in Kakao- oder Carobpulver oder Kokosblütenzucker mit Zimt.

Schokolierte Trockenfrüchte

Mit Schokolade überzogene Trockenfrüchte, z. B. Datteln, Feigen, Aprikosen, Pflaumen, Ananasringe, Apfelringe, Physalis, Sauerkirschen, grüne Rosinen, Sultaninen, Bananenchips, Goji-Beeren, Erdbeeren, Himbeeren oder was auch immer Sie mögen, können Sie auf verschiedene Weisen herstellen. Gekühlt und trocken aufbewahrt sind die Früchte mehrere Tage bis Wochen haltbar und somit auch ein schönes und leckeres Mitbringsel. Sie können auch verschiedene Früchte in

unterschiedlichen Glasuren schokolieren und gemischte Geschenkbeutelchen packen. Weil Trockenfrüchte schon sehr süß sind, brauchen Sie die Schokoglasur nicht unbedingt zusätzlich zu süßen. Am besten schmecken die Früchte mit feinem, naturbitterem Kakaoliquor.

Weiße schokolierte Trockenfrüchte: ⋆ 150 g Kakaobutter
⋆ 1 EL gemahlener Xylit (oder Kokosblütenzucker)
⋆ etwas Vanille oder 1 Tropfen Orangenöl

Lassen Sie die Kakaobutter schmelzen, geben Sie die Süße und die Vanille dazu, rühren Sie alles gut unter, und tauchen Sie die Trockenfrüchte ganz oder zur Hälfte ein. Setzen Sie die schokolierten Früchtchen auf ein Abtropfgitter, und stellen Sie sie kühl, bis die Schokoglasur fest geworden ist.

Helle schokolierte Trockenfrüchte: ⋆ 150 g Kakaobutter
⋆ 1 EL Kakaopulver oder Carobpulver
⋆ 1 EL gemahlener Xylit (oder Kokosblütenzucker)
⋆ 1 TL Sonnenblumenlezithin oder Baobab-Fruchtpulver

Lassen Sie die Kakaobutter schmelzen, rühren Sie die restlichen Zutaten ein, tauchen oder übergießen Sie die Früchte. Stellen Sie sie kühl.

Dunkle schokolierte Trockenfrüchte: ⋆ 150 g Kakaoliquor
⋆ 1 EL gemahlener Xylit (oder Kokosblütenzucker)

Lassen Sie den Kakaoliquor schmelzen, rühren Sie die Süße ein, tauchen oder übergießen Sie die Früchte. Stellen Sie sie kühl.

Stiel-Konfekt

* je 100 g Erdmandeln (oder Mandeln) und entkernte Datteln
* 100 g geschmolzene Kakaobutter
* 2 EL Mandelmus
* 1 EL Kakaopulver
* je 1 TL abgeriebene Zitronen- und Orangenschale (alternativ 1–2 Tropfen Zitronen- und Orangenöl)
* je 1 TL gemahlener Kardamom und Zimt
* ½ TL Vanille

ZUBEREITUNG Weichen Sie die Erdmandeln oder Mandeln über Nacht in etwas Wasser ein, und mixen Sie sie anschließend. Die Datteln weichen Sie 1–2 Stunden ein und mixen sie ebenfalls. Verarbeiten Sie alle Zutaten in einer Schüssel von Hand oder mit der Küchenmaschine zu einem Teig, den Sie ca. 30 Minuten ruhen lassen. Formen Sie entweder gleichmäßig große oder verschieden große Kugeln daraus. Stecken Sie Holzstäbchen in die Kugeln hinein, und geben Sie die Kugeln ca. 30 Minuten ins Gefrierfach. Stellen Sie eine Glasur Ihrer Wahl her, tauchen Sie die gefrorenen Kugeln kurz hinein. Durch die Kälte wird die Glasur schnell fest. Sie können auch Kugeln formen, sie aufspießen, in flüssige Glasur tauchen und getrocknete, zerkleinerte Wildrosen- oder Bio-Rosenblütenblätter oder Kakaonibs darüberstreuen. Stellen Sie das Stiel-Konfekt dann in den Kühlschrank, bis das Ganze schön fest geworden ist.

VARIANTE: Wenn Sie statt Kakaopulver Baobab-Fruchtpulver, Mesquitepulver oder Macapulver hinzufügen und Kardamom und Zimt weglassen, haben Sie helles Stiel-Konfekt und wieder andere Geschmacksnoten.

TIPP: In durchsichtigen Beutelchen verpackt und mit einer hübschen Schleife verziert, ist Stil-Konfekt ein leckeres, eindrucksvolles Geschenk!

Zartgrünes Matcha-Konfekt

- je 150 g Dattelmus und Mandelmus
- 100 g geschmolzene Kakaobutter
- 80 g gemahlene Pistazien
- je 10 g Baobab-Fruchtpulver und Matchapulver

ZUBEREITUNG Mixen Sie alle Zutaten zu einem sehr feinen Teig, der eine nougatartige Konsistenz hat. Füllen Sie den Teig in Silikonformen, z. B. kleine Blüten, Kugeln oder weihnachtliche Figuren. Stellen Sie die Förmchen ca. 1 Stunde ins Gefrierfach.

TIPP: Dieses echte Power-Konfekt ist im Nu hergestellt, hält gekühlt 3–5 Tage und wird frisch und kühl serviert. Sie können es auch noch mit einer zartgrünen Glasur verzieren. Mixen Sie dazu 50 g geschmolzene Kakaobutter, 1 EL Matchapulver und 1 EL gemahlenen Xylit. Tauchen Sie das eisgekühlte Konfekt in die Glasur.

Zitronen-Marzipan-Würfel

- 200 g gemahlene Mandeln
- 200 g weißes Mandelmus
- 100 g grüne Rosinen
- 100 g Dattelmus
- je 1 EL getrockneter und gemahlener Zitronenabrieb und Baobab-Fruchtpulver
- 2 Blätter Zitronenmelisse

ZUBEREITUNG Pürieren Sie die Rosinen mit dem Zitronensaft und der Zitronenmelisse. Verarbeiten Sie alle Zutaten von Hand zu einem glatten Teig. Formen Sie einen langen Balken aus dem Teig, am besten mithilfe von Frischhaltefolie und zwei Linealen. Stellen Sie den Balken kühl, bis der Teig schön fest ist. Schneiden Sie den Balken in Würfel, und streuen Sie ein wenig getrocknete abgeriebene Zitronenschale darüber.

TIPP: Diese Nascherei sieht wunderhübsch aus, schmeckt sehr frisch und lecker und eignet sich hervorragend als Mitbringsel oder für ein Festtagsbuffet!

KNABBEREIEN und FRUCHTLEDER-KREATIONEN

Apfel-Dattel-Bällchen

- 200 g entkernte Datteln
- 200 g getrocknete Äpfel
- je ½ TL Vanille und Zimt

ZUBEREITUNG Verarbeiten Sie die Datteln, 100 g Äpfel und die Gewürze in der Küchenmaschine zu einem Teig, und formen Sie kleine Bällchen daraus. Hacken Sie die restlichen getrockneten Äpfel sehr klein, und wälzen Sie die Bällchen darin. Sie können die Bällchen auf Holzspieße aufspießen und diese dann in einen frischen Apfel stecken. Oder legen Sie die Bällchen einfach in eine kleine Schüssel, und stellen Sie sie zum Naschen bereit. Apfel-Dattel-Bällchen sind ein Augenschmaus fürs Weihnachtsbuffet. Wenn Sie die Bällchen in die Mitte von getrockneten Apfelscheiben setzen, haben Sie wieder eine neue Variante.

Aktivierte, süße Knabbernüsse

- 500 g Nüsse – eine Sorte oder gemischt
  (oder andere Samen wie Sonnenblumenkerne, Hanfsamen usw.)
- 100 g entkernte Datteln
  (alternativ Feigen, Rosinen oder andere süße Trockenfrüchte)

ZUBEREITUNG Waschen Sie die Nüsse, und weichen Sie sie 12–24 Stunden in klarem Wasser ein. Spülen Sie sie noch einmal gut mit Wasser ab. Weichen Sie auch die Datteln (oder andere Trockenfrüchte) für eine oder mehrere Stunden in etwas Wasser ein, und mixen Sie sie anschließend mit ihrem Einweichwasser zu einem feinen Mus. Dieses Mus können Sie mit Gewürzen wie Vanille oder Zimt verfeinern oder auch Superfoods und/oder rohes Kakao- oder Carobpulver verwenden. Marinieren Sie die Nüsse einige Minuten im Dattelmus. Legen Sie sie anschließend auf einen Paraflexxbogen in den Lebensmitteltrockner und zwar so, dass die Nüsse nicht aneinander haften. Lassen Sie die Nüsse bei maximal 42°C so lange trocknen, bis sie knusprig sind. Das Trocknen kann 6–20 Stunden dauern. Prüfen Sie immer wieder, und testen Sie auch ab und zu eine Nuss.

MARINADE AUS FRISCHEN FRÜCHTEN

Auch frische Früchte können Sie mixen und die Nüsse im frischen Fruchtmus marinieren. Die Nüsse sind dann weniger süß.

CHIA-SAMEN-CHRUNCH

Auch Chia-Samen können Sie ca. 2 Stunden einweichen. Fügen Sie dann Dattelmus und Gewürze hinzu, setzen Sie mit dem Löffel kleine Häufchen auf die Paraflexxbögen, und trocknen Sie diese leckere Knabberei.

GLASIERTE KNABBERNÜSSE

Knabbernüsse können auch ohne Marinade aktiviert und anschließend noch einmal getrocknet werden. Glasieren Sie dann hinterher mit einer Kakaobutter oder Schokoglasur. Die Knabbernüsse müssen dann allerdings in den Kühlschrank und nicht in den Dehydrator.

PIKANTE KNABBERNÜSSE

Für pikante Knabbernüsse verwenden Sie statt der süßen Marinade einfach Tamari, gesalzene und gemixte Tomaten, eine Kräutermischung oder eine gemixte und mit Curry verfeinerte Mango. Alle anderen Arbeitsschritte sind dieselben.

Schokomandeln

- 250 g Mandeln
- 100 g Kakaoliquor (oder Kakaobutter und 2 EL Kakaopulver)
- 1 EL gemahlener Xylit
- 2 Tropfen Orangenöl

ZUBEREITUNG Weichen Sie die Mandeln mindestens 24 Stunden in Wasser ein, und trocknen Sie sie dann wieder zurück. Die aktivierten Mandeln sind leichter verdaulich. Sie können aber auch nicht-aktivierte Mandeln verwenden. Lassen Sie den Kakaoliquor (oder die Kakaobutter) schmelzen, und geben Sie das Orangenöl, den gemahlenen Xylit und gegebenenfalls das Kakaopulver dazu. Tauchen Sie die Mandeln kurz in die Glasur hinein, und bepudern Sie sie mit einer Mischung aus jeweils 1 TL Zimt und Carobpulver. Nach einer Kühlung von ca. 30 Minuten ist diese gesunde Knabberei fertig.

TIPP: Schokomandeln sind toll für zwischendurch und in einer hübschen Verpackung auch ein ideales vorweihnachtliches Mitbringsel.

Himbeer-Nuss-Riegel

- 350 g Nüsse Ihrer Wahl
- 150 g Sultaninen oder entkernte Datteln
- 150 g getrocknete Himbeeren
- 50 g geschmolzene Kakaobutter

Ein absolutes Highlight unter den veganen Vitalkost-Weihnachtsrezepten!

ZUBEREITUNG Verarbeiten Sie alle Zutaten in einer Küchenmaschine zu einem gleichmäßigen Teig. Bringen Sie den Teig in die gewünschte Form, und stellen Sie die Riegel ca. 30 Minuten ins Eisfach oder 2–3 Stunden in den Kühlschrank, sodass die Riegel schön fest werden. Sie können auch den Teigblock in den Kühlschrank stellen und anschließend Riegel herausschneiden.

TIPP: Wenn Sie statt der Kakaobutter dunklen Kakaoliquor verwenden, erhalten Sie einen Himbeer-Schoko-Riegel. Oder Sie füllen den Teig in Silikonförmchen, lassen ihn im Kühlschrank fest werden und nehmen die Leckereien dann aus den Förmchen.

Früchte-Riegel

* je 200 g Dattelmus und Mandelmus
* 100 g geschmolzene Kakaobutter
* je 50 g getrocknete Waldbeeren und getrocknete Äpfel
* 1 TL abgeriebene Zitronenschale

ZUBEREITUNG Mahlen Sie die Waldbeeren und Äpfel separat. Mixen Sie aus dem Dattelmus, dem Mandelmus und der geschmolzenen Kakaobutter einen Teig, den Sie halbieren. Mischen Sie in den ersten Teil die Waldbeeren. Mixen Sie in den zweiten Teil die Äpfel und die Zitronenschale. Kneten Sie beide Teigsorten getrennt voneinander so lange, bis die Teige optimal formbar sind. Formen Sie jeweils mehrere 0,5–1 cm dicke Rechtecke, und legen Sie sie im Wechsel aufeinander. Sie können drei Schichten machen oder auch mehr. Schneiden Sie kleine Riegel aus, und stellen Sie sie bis zum Servieren kühl.

Weihnachtlicher Power-Riegel

* 100 g entkernte Datteln * 100 g Mandelmus
* 100 g geschmolzene Kakaobutter
* 200 g aktivierte Mandeln * je 50 g getrocknete Sauerkirschen, Rosinen, Goji-Beeren und getrocknete Ananas
* 50 g grüne Pistazien * 1 EL getrockneter Zitronenabrieb * 1 EL Baobab-Fruchtpulver
* Abrieb von 1 Orange * ½ TL Vanille
* 1 Prise Himalayasalz

ZUBEREITUNG Hacken Sie die Trockenfrüchte, die Pistazien und die Mandeln mittelgrob, und geben Sie alle Zutaten in eine Schüssel. Pürieren Sie die Datteln, das Mandelmus, die Kakaobutter, das Baobab-Fruchtpulver, den Orangenabrieb, das Vanillepulver und das Himalayasalz. Vermengen Sic die pürierten Zutaten gut mit den gehackten Mandeln und Trockenfrüchten, und formen Sie Riegel daraus. Ob von Hand geformt, als Barren gekühlt und geschnitten oder in Silikonförmchen gekühlt, Sie können den Teig auf unterschiedlichste Weise zu Riegeln verarbeiten. Stellen Sie das Ganze etwa 2 Stunden in den Kühlschrank oder ca. 30 Minuten ins Gefrierfach. Anschließend können die Riegel schon serviert werden. Es lohnt sich durchaus, fürs Fest die doppelte oder dreifache Menge davon herzustellen!

TIPP: Sie können die Riegel nach Wunsch glasieren oder auch in ein Fruchtleder einschlagen.

Apfel-Zimt-Röllchen

- 400 g Äpfel
- 1 Banane
- 50 g Rosinen
- Saft von 1 Orange
- 2 EL Flohsamenschalen
- 1 EL abgeriebene Orangenschale
- 1–2 TL Zimt

ZUBEREITUNG Raspeln Sie die Hälfte der Äpfel. Mixen Sie die andere Hälfte der Äpfel mit den restlichen Zutaten bis auf die Rosinen. Geben Sie dann die Rosinen und geraspelten Äpfel dazu, vermischen Sie alles noch einmal, und streichen Sie die Masse auf einem Paraflexxbogen des Lebensmitteltrockners aus. Lassen Sie die Masse 10–12 Stunden durchtrocknen. Teilen Sie das etwa 30 x 30 cm große Fruchtleder in zwei gleiche Teile, und rollen Sie beide Teile der Länge nach auf. Schneiden Sie kleine Röllchen ab. Diese Apfel-Zimt-Röllchen sind eine herrlich aromatische Weihnachtsnascherei, die mehrere Wochen haltbar bleibt und sich – in kleinen Tütchen oder Gläschen verpackt – sehr gut verschenken lässt. Sie können die Röllchen stabiler gestalten, wenn Sie sie in geschmolzene Kakaobutter eintauchen und danach ca. 30 Minuten kühl stellen. Auch der Geschmack wird durch die leicht herbe Note der Kakaobutter etwas intensiver.

Beeren-Hanf-Röllchen

Beerenleder: ⋆ 500 g gemischte Waldbeeren (Himbeeren, Brombeeren, Heidelbeeren, Johannisbeeren usw.) ⋆ 2 Bananen ⋆ 2 EL Mandelmus

Füllung: ⋆ 80 g Dattelmus ⋆ 50 g geschälte Hanfsamen ⋆ 30 g gemixte oder gemahlene getrocknete Waldbeeren ⋆ 30 g geschmolzene Kakaobutter ⋆ 10 g Baobab-Fruchtpulver

ZUBEREITUNG Für das Fruchtleder mixen Sie alle Zutaten, und gießen Sie die Masse auf einen Paraflexxbogen. Trocknen Sie das Fruchtleder 8–14 Stunden. Für die Röllchen brauchen Sie mindestens 2 Platten von ca. 30 x 30 cm Größe. Verarbeiten Sie alle Zutaten für die Füllung im Mixer oder in der Küchenmaschine zu einer glatten Masse. Kneten Sie alles noch einmal von Hand durch. Legen Sie das Fruchtleder auf die Arbeitsplatte, streichen oder rollen Sie die Masse glatt und gleichmäßig darauf aus, und rollen Sie das Ganze schön dicht und gleichmäßig zu 1–2 cm dicken Röllchen zusammen. Ist die Rolle fertig, stellen Sie sie in den Kühlschrank, bis sie schön fest ist. Tauchen Sie die eiskalte Rolle in die Kakaobutter, und stellen Sie die Rolle zurück in den Kühlschrank. Schneiden Sie die Röllchen mit einem scharfen Sägemesser in mundgerechte Stücke.

Kirsch-Röllchen

Kirschleder: ⋆ 500 g Kirschen oder Sauerkirschen ⋆ 2 Bananen ⋆ 2 EL Mandelmus

---

Mixen Sie alle Zutaten, und gießen Sie sie auf einen Paraflexxbogen. Trocknen Sie das Kirschleder 8–14 Stunden. Für die Kirsch-Röllchen brauchen Sie mindestens 2 Platten von ca. 30 x 30 cm Größe.

Füllung: ⋆ 200 g Dattelmus ⋆ 100 g getrocknete Sauerkirschen ⋆ 100 g geschmolzene Kakaobutter ⋆ 2 EL Kakaonibs

---

Verarbeiten Sie das Dattelmus, die Sauerkirschen und Kakaobutter im Mixer oder der Küchenmaschine zu einer glatten Masse, dann heben Sie die Kakaonibs unter.

ZUBEREITUNG Schneiden Sie die großen Kirschleder in vier gleiche Teile, also in eine Größe von 15 x 15 cm. Legen Sie ein Quadrat auf die Arbeitsplatte, geben Sie etwas Füllung darauf, und streichen Sie sie glatt aus. Legen Sie das nächste Quadrat obendrauf, und streichen Sie wieder etwas Füllung darauf. Sie können die Riegel so hoch machen, wie es Ihnen gefällt. Stellen Sie die aufgeschichteten Quadrate in den Kühlschrank, damit die Füllung fest wird. Das dauert etwa 30 Minuten. Schneiden Sie dann mit einem scharfen Sägemesser alles in Riegel. Die Größe können Sie so wählen, wie Sie es am liebsten mögen. Packen Sie die Kirsch-Riegel in eine Frischhaltefolie oder in eine andere Verpackung ein, und stellen Sie sie kühl und trocknen. Vor Insekten schützen! Kirsch-Riegel sind nicht nur eine wundervolle Abwechslung zu den üblichen Weihnachtsleckereien und ein tolles Geschenk, sondern eignen sich auch wunderbar als fruchtiger Pausensnack.

VARIANTE: Für Kirsch-Röllchen legen Sie die großen Kirschleder auf die Arbeitsplatte, streichen die Füllung darauf glatt und rollen das Kirschleder dann vorsichtig. Schneiden Sie sie ebenfalls nur gekühlt mit einem sehr scharfen Sägemesser, damit sie ihre Form behalten.
Wenn Sie kein Fruchtleder verwenden wollen, können Sie auch essbare Oblaten einsetzen.

Zitronen-Mandel-Kissen oder -Röllchen

Für die Hülle: ⋆ 5 reife Bananen ⋆ Saft von 4 Zitronen ⋆ 1 EL weißes Mandelmus ⋆ abgeriebene Schale von 1 Zitrone

---

Mixen Sie alle Zutaten zusammen, gießen Sie die Masse auf einen Paraflexxbogen, und streichen Sie sie glatt. Trocknen Sie die Fruchtmasse so lange, bis Sie sie komplett abziehen können, ohne dass sie zerreißt. 10–12 Stunden dürften Sie dafür einrechnen.

Für die Füllung: ⋆ je 200 g weißes Mandelmus und Dattelmus
⋆ Saft von 2 Zitronen ⋆ 1 EL abgeriebene Zitronenschale
⋆ 1 EL Baobab-Fruchtpulver

Mischen Sie alle Zutaten von Hand, und kneten Sie sie so lange, bis eine feste, marzipanähnliche Masse daraus entstanden ist. Mit etwas mehr oder weniger Baobab-Fruchtpulver können Sie die Konsistenz noch verändern.

ZUBEREITUNG Schneiden Sie nun das Zitronenleder in drei gleich lange Teile (etwa 10 x 30 cm). Geben Sie auf jedes Teil ein Drittel der Füllung längs in die Mitte, und formen Sie jeweils eine lange Rolle daraus. Nach etwa einer Stunde in der Kühlung, können Sie die Rollen mit der Schere in kleine Kissen schneiden. Die Kissenform entsteht, wenn sich die Rolle an den Schnittstellen zusammendrückt, Sie können diese Enden noch von Hand etwas nacharbeiten. Wenn Sie die Rolle mit einem scharfen Messer in feine Scheibchen schneiden, ohne sie zu drücken, bleiben diese rund, und Sie erhalten Röllchen. Beide Versionen sehen hübsch aus, und im Kühlschrank ist diese Leckerei etwa 2 Wochen haltbar.

TIPP: Eine herrlich frische, leichte Leckerei mit viel Vitamin C für gesundes Naschen im Winter! Wer es scharf mag, kann sowohl in die Hülle als auch in die Füllung noch etwas geriebenen Ingwer hineingeben.

Chia-Cracker

* 250 g Chia-Samen
* 50 g fein gewürfelte Orangenfilets
* 50 g Dattelmus
* ½ TL Zimt
* 1 Prise Natursalz

ZUBEREITUNG Weichen Sie die Chia-Samen ca. 2 Stunden in Wasser ein, und lassen Sie sie aufquellen. Mischen Sie das Dattelmus, den Zimt, das Salz und die Orangenfilets gleichmäßig mit den aufgequollenen Chia-Samen. Tragen Sie die Masse komplett auf einen Paraflexxbogen des Lebensmitteltrockners auf, und streichen Sie sie glatt – etwa wie bei einem Fruchtleder. Oder formen Sie mit einem kleinen Löffel Plätzchen und setzen eines nach dem anderen auf den Paraflexxbogen. Lassen Sie die Chia-Cracker 8–14 Stunden trocknen, bis sie kross sind. Sie müssen sie nicht wenden. Sollten Sie den ganzen Bogen bestrichen haben, schneiden oder brechen Sie alles nach dem Trocknen in Stücke.

VARIANTE: Für pikante Cracker verwenden Sie 250 g Chia-Samen, 50 g gehackte Peperoni ohne Kerne, 30 g gewürfelte rote Paprika, 20 g getrocknete Tomaten, 20 g Dattelmus und 1 Prise Natursalz. Die Zubereitung ist dieselbe. So bringen Sie zwei unterschiedliche Varianten an Chia-Crackern auf den Tisch des Weihnachtsbuffets! Cracker können – luftdicht verpackt und kühl und trocken gelagert – mehrere Wochen aufbewahrt werden.

Sesam-Dattel-Cracker

- 300 g weißer Sesam
- 100 g entkernte Datteln

ZUBEREITUNG Weichen Sie den weißen Sesam ca. 8 Stunden, am besten über Nacht, in klarem Wasser ein, dann spülen Sie ihn noch einmal ab. Weichen Sie die Datteln in wenig Wasser 2–3 Stunden ein, und mixen Sie sie. Vermengen Sie den abgetropften Sesam mit dem Dattelmus, und streichen Sie die Masse sehr dünn auf einem Paraflexxbogen des Lebensmitteltrockners aus. Sie können auch die Konsistenz der Cracker beeinflussen. Wie Fruchtleder werden die Cracker, wenn Sie mehr Dattelmus verwenden. Mit etwas mehr Sesam werden die Cracker fester. Lassen Sie die Cracker trocknen, bis sie schön kross und bissfest sind. Nehmen Sie sie aus dem Trockner, schneiden Sie sie in die von Ihnen gewünschte Form, und garnieren Sie z. B. mit Goji-Beeren oder grünen Rosinen. Ein leckerer Cracker, nicht nur zur Weihnachtszeit.

Gemüsechips

Dieses Knabberzeug wird immer beliebter, da Grünkohl und auch Wirsing sehr mineralstoff- und Vitamin-C-reich sind. Gut gewürzt und richtig getrocknet, sind dies die herrlichsten Winterchips. Sie können sogar weihnachtliche Chips servieren.

Grünkohlchips: ⋆ 1 Grünkohl (alternativ Wirsing)

Nehmen Sie vom Grünkohl die grünen, zarten Blätter, und trennen Sie die Strünke und dicken Blattadern sorgsam heraus. Zupfen Sie die Blätter in Stücke, oder schneiden Sie sie in Streifen. Durch unterschiedliche Marinaden können Sie unterschiedliche Geschmacksrichtungen herstellen. Mixen Sie alle Zutaten für die Marinade, marinieren Sie die Blätter damit, und trocknen Sie sie so lange bei maximal 42°C, bis die Chips kross sind.

Für Chips mit weihnachtlicher Note verwenden Sie 2 Äpfel, 2 eingeweichte getrocknete Pflaumen, 1 TL Zimt, 1 TL Kardamom, etwas Nelke, Saft von 1 Orange und 1 TL Orangenabrieb oder einfach eine weihnachtliche Gewürzmischung, z. B. für Lebkuchen oder Stollen. **Zitronig-süße Chips** erhalten Sie durch eine Marinade aus 2 entkernte Datteln, Saft von 2 Zitronen und Abrieb von 1 Zitrone oder 1–2 Tropfen Zitronenöl. **Exotisch-scharf** wird es mit je 50 g Ananas und Mango, Saft von 1 Orange, 1 EL Curry, Saft von ½ Zitrone und 1 Prise Himalayasalz. **Nach einem Italienurlaub** schmecken Ihre Chips mit 5 gemixten Tomaten, 1 Prise Himalayasalz, 1 EL scharfem Paprikapulver und 1 EL italienischen Kräutern. Falls Sie es **purer** mögen, würzen Sie die Chips nur leicht mit etwa 30 ml Tamari und Kräutern Ihrer Wahl. Ein Tütchen Grünkohlchips oder Wirsingchips ist auch ein gern gesehenes Mitbringsel!

TIPP: Neben den Grünkohl- und Wirsingchips können Sie auch aus vielen anderen Gemüsesorten Chips herstellen. Sehr feste Chips ergeben z. B. Wurzelgemüse, leichte Chips erhalten Sie z. B. mit Zucchini und Tomaten. Hobeln Sie das Gemüse in dünne Scheiben oder Streifen. Marinieren Sie es nach Lust und Laune, z. B. mit einer Marinade Ihrer Wahl oder nur leicht gesalzen.

Etwas weniger kross, dafür extrem lecker und um einiges gehaltvoller werden Chips, wenn Sie ein sehr gutes Öl Ihrer Wahl in die Marinade geben. Besonders gut dafür eignen sich Wurzelgemüse und einige Wildkräuter wie Brennnesseln, Löwenzahn, Melde, Franzosenkraut, Vogelmiere und weißer Gänsefuß. Die öligen Chips brauchen etwas länger und sollten nach dem Trocknen bald verzehrt werden. Wer es noch gehaltvoller haben möchte, kann Cashewkerne, Zedernkerne, Pinienkerne oder Pistazien mahlen und in die Marinade geben. Auch sehr lecker!

Danksagung

Ich möchte mich von ganzem Herzen bei allen bedanken, die mir bei der Entstehung dieses Buches zur Seite gestanden haben! Beim Schirner Verlag, meinen Verlegern Heidi und Markus Schirner, meiner Lektorin Katja Hiller und ihrem Team sowie den Grafikern Anke Brunn, Simone Fleck, Arne Gutowski und Murat Karaçay. Bei Merlin Petri und Stefan Rüger für die fotografische Unterstützung. Bei Benjamin Rüger, Simone Ilic, Lalita Elke Münchenbach, Sandra Andrea Schneider, Heinz Hobmeier, Joachim Höchemer und Dieter Windheuser für die Assistenz bei den Zubereitungen für die erste Fotosession. Bei diesen Assistenten und zusätzlich bei Simone Seitz, Karin Gantner, Uli Leiser-Jäger und Kerstin Nitschke für das Testen spezieller Rezepte. Bei meinen Klassen HGVLB 2015, HVVZ April 2015 und HVVZ August 2015 für das Verständnis, dass wir mitten im Sommer zusätzlich noch Weihnachtsgerichte zubereitet und fotografiert haben.

Ein großes Dankeschön geht an *Keimling Naturkost* für die hervorragenden Zubereitungsgeräte und köstlichen Nüsse, Trockenfrüchte und Rohstoffe, an *Dr. Goerg Virgin Coconut Products* für die qualitativ hochwertigsten und leckersten Kokosprodukte ever, an *Puravita Naturwaren* und *Pureraw Rohkostprodukte* für ihre speziellen Vitalkost-Produkte, Rohstoffe und Superfoods. Danke für eure leckeren Sortiment-Proben, mit denen ich experimentieren durfte. Eure Unterstützung mit so hochwertigem Material hat zu vielen neuen Ideen und Vitalkost-Rezepten beigetragen. Ohne Menschen wie euch, die mit Herz und Seele bei der Sache sind und die sich so sehr für eine gesündere, friedvollere und gerechtere Welt einsetzen, wäre die vegane Vitalkost nicht da, wo sie heute ist!

Ganz besonders danke ich Ihnen, liebe Leser, dass Sie sich für dieses Buch entschieden haben. Ich hoffe, dass ich Ihnen mit diesen Rezepten eine Freude bereiten und das Weihnachtsfest auf naturgesunde, vegane und vitalköstliche Weise versüßen konnte!

Meine persönlichen Bezugsquellen für die Rezepte dieses Buches:

Keimling Naturkost	www.keimling.de
Dr. Goerg Virgin Coconut Products	www.drgoerg.com
Pureraw Rohkostprodukte	www.pureraw.de
Puravita Naturwaren	www.puravita.de
Vega	www.vega-naturkost.de

sowie Bioläden, Reformhäuser, regionale Bio-Obst- und Gemüsehändler.

Wenn Sie spezielle Produkte nicht gleich finden:

Es gibt noch viele weitere Händler und Großhändler, die inzwischen großen Wert auf die hochwertigsten Rohstoffe und Nahrungsmittel legen und oftmals auch Bio- und Rohkostprodukte in ihrem Sortiment haben. Schauen Sie in die Geschäfte vor Ort, fragen Sie nach speziellen Produkten, damit die Händler auch diese in ihr Sortiment aufnehmen können. Die Nachfrage bestimmt das Angebot! Ansonsten gibt es kaum etwas, was im worldwideweb nicht zu finden ist.

Britta Diana Petri ist Gründerin und Leiterin der »RainbowWay® Akademie«. Im Zentrum ihrer Tätigkeit stehen Methoden, mit denen Menschen Voraussetzungen für Gesundheit schaffen und damit ihre Lebenskraft entwickeln, stärken und erhalten können. Jedes Jahr schließen neue Absolventen die Ausbildungen zum »Holistischen Gesundheits-, Vitalkost- und Lebensberater«, zum »Vegan-Vitalkost-Zubereiter« oder zum »Vegan-Vitalkost-Kreativ-Chef« an der Akademie der Autorin ab.

Weitere Informationen zu den Büchern, Seminaren und Angeboten der Autorin finden Sie unter www.RainbowWay.de

Bildnachweis

Bilder von der Bilddatenbank Shutterstock:
Dekoelemente auf allen Seiten: # 128073902 (© wenani), # 223418074 (© Fogflow), # 115988665 (© Miroslava Hlavacova), # 117584110 (© wenani) Außerdem Fotografien auf folgenden Seiten: S. 6 # 118180813 (© fotohunter), S. 9 # 222560170 (© Master-L), S. 14 # 157500818 (© Jeanette Dietl), S. 15 # 64137316 (© Yellowj), # 222560170 (© Master-L), S. 17 # 137130476 (© Sergi Lopez Roig), # 156464573 (© tdhster), # 200088050 (© Agnes Kantaruk), S. 19 # 115672495 (© fotohunter), S. 21 # 244173097 (© Nataliya Arzamasova), # 132059846 (© Gordo25), S. 22 # 99035984 (© Coprid), S. 24 # 57258607 (© marco mayer), S. 25 # 248405899 (© Diana Taliun), S. 26 # 253646398 (© Onchira Wongsiri), S. 26 # 167388311 (© Monika Hrdinova), # 248673898 (© Quanthem), S. 28 # 170755715 (© Jane Rix), S. 29 # 226567318 (© In Green), S. 30 # 106962233 (© marekuliasz), S. 34 # 210925354 (© sarsmis), S. 36 # 272812946 (© EM Arts), # 256879366 (© EM Arts), # 256239361 (© anat chant), # 217677967 (© Roman Samokhin), S. 38 # 260590877 (© Africa Studio), # 275335601 (© Dream79), S. 40 # 254489374 (© Olyina), S. 42 # 152360780 (© webwaffe)
www.shutterstock.com

Alle weiteren Fotografien von Britta Diana Petri